21世纪日语系列教材

日语视听说教程

第2版

主　编　朱卫红
副主编　徐　曙　毛文伟
编　者　劳轶琛　钱晓波
　　　　赵　鸿　方书琦
　　　　董文娟　陶　倩

图书在版编目(CIP)数据

日语视听说教程. 第二册 / 朱卫红主编. —2 版. —北京：北京大学出版社，2018.6
（21 世纪日语系列教材）
ISBN 978-7-301-29509-0

Ⅰ.①日…　Ⅱ.①朱…　Ⅲ.①日语–听说教学–高等学校–教材　Ⅳ.①H369.9

中国版本图书馆 CIP 数据核字（2018）第 093616 号

书　　　名	日语视听说教程（二）（第 2 版） RIYU SHITINGSHUO JIAOCHENG
著作责任者	朱卫红　主编
责任编辑	兰　婷
标准书号	ISBN 978-7-301-29509-0
出版发行	北京大学出版社
地　　　址	北京市海淀区成府路 205 号　100871
网　　　址	http://www.pup.cn　新浪微博：@北京大学出版社
电子邮箱	编辑部 pupwaiwen@pup.cn　总编室 zpup@pup.cn
电　　　话	邮购部 62752015　发行部 62750672　编辑部 62759634
印 刷 者	大厂回族自治县彩虹印刷有限公司
经 销 者	新华书店
	787 毫米 ×1092 毫米　16 开本　13.25 印张　230 千字 2011 年 5 月第 1 版 2018 年 6 月第 2 版　2024 年 8 月第 4 次印刷（总第 9 次印刷）
定　　　价	39.00 元

未经许可，不得以任何方式复制或抄袭本书之部分或全部内容。
版权所有，侵权必究
举报电话：010-62752024　电子邮箱：fd@pup.cn
图书如有印装质量问题，请与出版部联系，电话：010-62756370

前　言

　　本教材是为高等院校日语专业高年级"日语视听说"课程编写的专业教材，也可供各类成人教育、日语自学者使用。

　　目前，我国高等院校日语专业的视听说课程没有相应的教材，绝大部分教材都编写成听力考试应试题集，很多教材的重点也没放在如何培养学习者从声音媒体获取信息的能力上，不少教材使用的素材文本也不适合视听说训练，而且，基本没有将"视听"和"说""读""写"三项技能结合起来，整体来看，对日语视听说课程的认识陈旧，教材设计落后。反映在教学方式上是视听说课堂教学几乎没有设计，只是按照教材放录音或视频，流于只专注故事情节的欣赏而完全忽视了语言学习。

　　语言交际是由听说读写四种功能构成的。日常实际生活中的语言交际，"听""说"占了很大比例，而"边看边听"和"说"，即"视听说"可以说是语言交际的主要活动。

　　外语的习得过程会因人而异，但在相当程度上还是共通的。外语习得通常都是在"获得可理解输入"的过程中实现的。

　　"获得可理解输入"关系到学习者的语言运用能力，这种运用能力可以使语言输出成为可能。在外语学习过程中增加可理解输入是极其重要的。就是说，视听说学习的一个重要任务就是要"获取语言习得所需的输入"。

　　视听可以认为是一个将不理解的语言输入转变为可理解输入的过程。这种过程有三个理论模式。其一称"自下而上模式"，从单词这种较小的语言单位起，通过运用语言知识，向句子、段落、整个篇章这种大的语言单位递进，由此累加理解而构建整体意思。其二称"自上而下模式"，这种模式以上下文、情景等为线索，利用背景知识，在视听的同时进行预测及推测以理解所听内容的意思。其三称为"相互交流模式"，这种模式是将"自下而上模式"和"自上而下模式"互补并用来进行理解的。视听说课程的教材设计及课堂指导，让学习者体验这三种模式所代表的理解过程，体验从声音信息构筑语言意思的能动性活动过程是很重要的。

　　我们知道，"视听"在很多时候是与"说""读""写"同时进行的。而实际的视听活动，通常都是视听者在运用信息选择、预测、推测、询问等策略的过程中进行的。

因此，在课堂视听活动中，导入日常生活实际视听中使用的这些策略，并将这些学习策略导入到教材设计及课堂活动中进行练习同样是十分重要的。

本教材就是在将视听学习策略引进到视听说课程体系的基础上编写的。每一课都由"视听前活动""视听活动""视听后活动"3个步骤构成。

"视听前活动"主要是针对视听材料内容，赋予学习者视听动机，激活学习者既有的相关知识、信息和经验等，支持自上而下的视听方式；利用与视听材料相关的标题、图片等，让学习者预测视听内容；提示关键词，但并不给出所有生词的意思，那些可以通过文脉推测的生词，留在实际视听中让学习者推测；给出问题，让学习者意识到视听目的何在。

"视听活动"要让学习者在充分意识到自上而下和自下而上两种视听语言信息处理过程的基础上展开练习，让学习者在实际视听的同时不断确认自己听前的预测是否正确。听第一遍时，让学习者注意听内容的主题，第二遍之后，引导听细节及特定信息；让学习者推测生词及没听懂之处；针对不太理解的部分，让学习者提问，以检查自己的理解并培养这种不断确认理解程度的习惯。

"视听后活动"要让学习者针对听懂并理解的内容做出某种反应，确认其理解是否正确。引导学习者就听到的内容，发表或叙述自己的感想或意见；让学习者发表与听的内容相关的已知信息或知识等。

本教材设计导入了应用语言学及外语视听理论研究的最新成果，也充分考虑了学习者的认知水平和日语语言的习得规律，强调有效的视听说学习应该最大限度地运用自上而下的语言信息处理模式，并根据需要辅以自下而上的处理模式。通过教材设计将有效的视听说方法作为学习策略融入整个"日语视听说"教学体系中。课程的教材结构设计与学习策略归纳如下表。

教材结构	学习策略	自上而下模式	自下而上模式	理解的确认
视听前活动	1 今日课题	◎		
	2 知晓测试	◎	◎	
	3 热身活动	◎		◎
视听活动	4 主题视听			◎
	5 大意视听	◎	(◎)	◎
	6 重点视听		◎	◎
	7 全方位视听	◎	◎	◎
视听后活动	8 发表感想、意见			◎
	9 归纳小结			◎

本教材力争体现听、说、读、写综合发展方向，突出实际"语言技能"的培养。教材风格严谨而不失轻松，内容贴近实际生活及专业特点，能激发学习者的学习兴趣。课文对话语言自然流畅，表述准确可靠。教材体现出了内容新、形式新、结构新、设计新的全新理念，既注重日语语言知识的学习与语言运用能力的培养，还注重日本社会、文化背景的接触，同时考虑构建国际文化的大视野。考虑到现代化教育技术手段的广泛应用，本教材还制作了配套多媒体课件，使教材做到立体化，既方便课堂教学，又方便学习者自主学习。

本教材第一版面世至今已经将近8年，为全国诸多高校采用，得到教学双方的一致好评。根据使用本教材教学一线的建议，此次修订对半数课文进行了更新，并用7部动漫作品替换了原来的电视剧。北京大学出版社兰婷编辑对本教材的编写、出版及修订给予了很大支持与鞭策，对此表示衷心感谢。

本书虽为编者多年教学与研究积累，自觉已倾尽全力，但终因学识与能力有限，缺陷疏漏难免，恳请批评指正。权将其作引玉之砖，期待更多日语视听说教材的佳作问世。

编　者
2018年5月

目　录

第一課　　花よりも男子……………………………………………………1

第二課　　弱くても勝てます〜青志先生とへっぽこ高校球児の野望〜……13

第三課　　四月は君の嘘……………………………………………………25

第四課　　プライド…………………………………………………………36

第五課　　GOLD……………………………………………………………50

第六課　　家売るオンナ……………………………………………………62

第七課　　絶対彼氏…………………………………………………………74

第八課　　あの日見た花の名前を僕達はまだ知らない…………………85

第九課　　ホカベン…………………………………………………………97

第十課　　奥様は魔女………………………………………………………109

第十一課　曲げられない女…………………………………………………121

第十二課　ルーズヴェルトゲーム…………………………………………133

第十三課　相　棒……………………………………………………………145

第十四課　ソードアート・オンライン……………………………………157

第十五課　BOSS……………………………………………………………168

単語表…………………………………………………………………………182

第一課
花よりも男子

I ドラマのシーンの視聴

あらすじ

　牧野つくしは、現在、英徳学園の高校三年生。卒業を目前に控え、就職か大学進学かで悩んでいた。相変わらず牧野家は貧乏の極み。そんな状況下でも持ち前の明るさと前向きさで高校生活を送っていたが、F4の花沢類、西門総二郎、美作あきらが卒業して以降は、学園はつくしにとって退屈な場所でしかなかった。一年前に愛を誓い合って別れた道明寺司とは、彼がニューヨークに留学した当初はずっと連絡を取り合っていたが、ここ半年返事が全く返って来ない。不安を覚えながら、道明寺のことは忘れた方がいいのか…と自問自答を繰り返していた。
　そんな中、突然の悪夢が…。道明寺不在で貼られることのないはずの赤札がつくしのロッカーに貼られていたのだ。その赤札のせいで再び、激しい苛めに見舞われたつくしは、それが道明寺からの命令だということを耳にするが、信じられない…。花沢類に背中を押され、つくしは道明寺の気持ちを確かめるためにニューヨークに旅立つことに…

A 道明寺を忘れよう

 聞く前に

一、次の文の下線に入れるのに最も適当なものを①・②・③・④から一つ選んで、○をつけなさい。

1. カンニングが_____しまったんだ。退学させられずにはずまない。
   ① はれて　　② ばれて　　③ ばらして　　④ ばくされ

2. すっかり静かになった家に一人残った私は、また毎日_____とインテリアや庭作りの作業にいそしんだ。
   ① ぼちぼち　　② ぱちぱち　　③ ぽちぽち　　④ ぶつぶつ

3. 二人のあいだには、あと一人分の席が_____とあいた。
   ① うっかり　　② きっかり　　③ ぽっかり　　④ すっかり

二、次の漢字の読み方を書きなさい。
　① 旅立つ [　　　　] ② 途絶える [　　　　] ③ 整形 [　　　　]
　④ 見合う [　　　　] ⑤ 颯爽　 [　　　　] ⑥ 穴 [　　　　]

三、次の質問について、あなたの考えや意見を日本語で自由に話してみなさい。
　問：親友だった人と別れようとする経験があるか。その経緯を述べなさい。

単語リスト

まめ◎		〈名・形动〉	勤快，忠実
ぱったり③		〈副〉	突然
途絶える③	【とだえる】	〈自一〉	断絶，杜絶
整形◎	【せいけい】	〈名・他サ〉	整形，矯形
ばれる②		〈自一〉	暴露，敗露
セレブ①	【celebrityの略】	〈名〉	大众关注的人，话题人物
くるくる①		〈副〉	滴溜溜地（转）；一层层地
颯爽◎	【さっそう】	〈形动〉	颯爽，精神抖擞
ぼちぼち①		〈副〉	一点点；马马虎虎
見合う②	【みあう】	〈自五〉	均衡，相称
ぽっかり③		〈副〉	突然（裂开）

聞く

四、ドラマを見ながらその対話を聞いて、内容に合っているものに〇、合っていないものに×をつけなさい。
　　1．道明寺がニューヨークへ行って以来、連絡がなかった。
　　2．桜子とボイフレンドは旅行している。
　　3．桜子は道明寺と牧野は見合わないと考えている。
　　4．牧野は同窓会へ行きたくない。

五、ドラマを見ながらその対話を聞いて、正しい答えをそれぞれ①・②・③・④から選んで、〇をつけなさい。
1．道明寺からの連絡が取れなくなった理由は次のどれか。
　　① 電話が壊れている
　　② 牧野が好きでなくなった
　　③ 電話代が高かった
　　④ 何か特別の理由があった
2．桜子はなぜオーストラリアへ留学したのか。
　　① 道明寺がアメリカへ行ったから
　　② オーストラリアが好きだから
　　③ オーストラリアにボイフレンドがいるから
　　④ 旅行が好きだから
3．桜子は今道明寺はどうだといったのか。
　　① あまり元気がない　　　　② やくざとよくケンカしている
　　③ まじめに勉強している　　④ 大活躍している
4．牧野はなぜ大学に行くのをやめようと考えているのか。
　　① 勉強が好きではないから
　　② お金を稼ぎたいから
　　③ これ以上永徳にいたくないから
　　④ 大学入試が難しいから

六、ドラマの対話を聞きながら、次の文を完成しなさい。
　　1．去年のクリスマスに、あいつがニューヨークに旅立って以来、わりとまめに連絡を取っていたが、＿＿＿＿＿＿＿＿＿＿＿＿＿＿＿＿＿＿＿＿＿＿＿＿。

2. _____、颯爽と歩いてた！。
3. 道明寺が元気でいるとわかって、_____
_____、次第にそれは大きくなって。
4. それは、_____、ちょっとだけ忘れられる。

 ## 聞いた後

七、聞いた対話の内容のあらすじを日本語で話してみなさい。

 B 俺はここ買い取った

 ## 聞く前に

一、次の文の下線に入れるのに最も適当なものを①・②・③・④から一つ選んで、〇をつけなさい。

1. 外を_____と、プラットホームにも今日は珍しく見送りのひとかげさえあとを絶った。
   ① 除く　　② 覗く　　③ 描く　　④ 躓く

2．男の癖に、使う手が＿＿＿＿わね。
　① せこい　　② せまい　　③ ひくい　　④ よわい
3．広告宣伝などはすべて本部の手で行われるので、わずか二五〇万円の加盟料で簡単に＿＿＿＿になれる。
　① ライター　② クリーナー　③ ランナー　④ オーナー

二、次の漢字の読み方を書きなさい。
　① 変態 ［　　　］　② 箒 ［　　　］　③ 真似 ［　　　］
　④ 磨く ［　　　］　⑤ 蚤 ［　　　］　⑥ 大家 ［　　　］

三、次の質問について、あなたの考えや意見を日本語で自由に話してみなさい。
　問：寮に住んで、いろいろ面白いことがあるが、その体験談を一つ言いなさい。

単語リスト

覗く◎	【のぞく】	〈他五〉	窺視，探視
変態◎	【へんたい】	〈名〉	变态
箒◎	【ほうき】	〈名〉	扫帚
覗き魔◎	【のぞきま】	〈名〉	窺視狂
蚤の心臓◎	【のみのしんぞう】	〈連〉	形容胆小
せこい◎		〈形〉	狭小；糟糕
大家◎	【おおや】	〈名〉	房东
ちなみに◎		〈副〉	順便，附帶

 聞く

四、ドラマを見ながらその対話を聞いて、内容に合っているものに〇、合っていないものに×をつけなさい。
　1．つくしは最初から道明寺が外にいると分かった。
　2．道明寺はわざと「のみの心臓」を「のりの心臓」と間違えた。
　3．道明寺はこのアパートを買い取った。
　4．道明寺が偶然つくしの隣に住むことになった。

五、ドラマを見ながらその対話を聞いて、正しい答えをそれぞれ①・②・③・④から選んで、○をつけなさい。

1．道明寺はなぜ部屋の中をのぞいたのか。
① 部屋を間違えたから
② つくしがいるかどうか知りたいから
③ 進に会いたいから
④ 自分が大家になったことを教えたいから

2．「蚤の心臓」の意味はどんな人のたとえか。
① とても気が弱い人　　　　② とても気が強い人
③ とてもまじめな人　　　　④ とてもケチな人

3．道明寺はなぜこのアパートを買い取ったのか。
① 大家になりたいから　　　② お金を儲けたいから
③ つくしにちかづきたいから　④ 一人暮らししたいから

4．進に「大家さんなの」と聞かれたら、道明寺はなぜ自分の名前を強調したのか。
① 進に自分の名前をちゃんと覚えてほしいから
② 自分が大家であることを強調したいから
③ 大家さんという言葉の意味が分からないから
④ 進をからかっているから

六、ドラマの対話を聞きながら、次の文を完成しなさい。
1. お前らな、＿＿＿＿＿＿＿＿＿＿＿＿＿＿＿＿、間違いなく死んでたぞ！
2. あなたは普通に人間じゃないの？＿＿＿＿＿＿＿＿＿＿＿＿＿＿＿＿＿＿。
3. いや俺、＿＿＿＿＿＿＿＿＿＿＿＿＿＿＿、一人暮らししようと思って。
4. 名前なんてものはな、＿＿＿＿＿＿＿＿＿＿＿＿＿＿。弟は弟なんだから。

 聞いた後

七、聞いた対話の内容のあらすじを日本語で話してみなさい。

C ケンの話

 聞く前に

一、次の文の下線に入れるのに最も適当なものを①・②・③・④から一つ選んで、〇をつけなさい。

1. その＿＿＿＿動作の一つ一つに優雅さがあふれている。
   ① なにげない　　② ありえない
   ③ ちがいない　　④ あじけない

2. いま四五歳くらいから下の人たちは、公的年金の支給も＿＿＿＿がはっきり見えないといわれている。③
   ① 前行き　　② 後行き　　③ 先行き　　④ 裏行き

3. 一方的に会話を＿＿＿＿、順平は立ち去ろうとする。④
   ① 言い切って　② 思い切って　③ 食い切って　④ 断ち切って

二、次の漢字の読み方を書きなさい。
   ① 暴落 [　　　]　② 一言 [　　　]　③ 苦境 [　　　]
   ④ 打開策 [　　　]　⑤ 荒む [　　　]　⑥ 自ら [　　　]

三、次の質問について、あなたの考えや意見を日本語で自由に話してみなさい。
   問：立派なリーダーになるために一番必要な能力は何か。

単語リスト

何気ない④	【なにげない】	〈形〉	不形于色；无意中
先行き◎	【さきゆき】	〈名〉	将来，前途
暴落◎	【ぼうらく】	〈名・自サ〉	暴跌
一言②	【ひとこと】	〈名〉	一言，一句话
苦境◎	【くきょう】	〈名〉	艰苦的境遇
リストラ◎	【restructuringの略】	〈名〉	重组，裁员
打開策②	【だかいさく】	〈名〉	摆脱困境的办法
慕う③②	【したう】	〈他五〉	爱慕；敬仰
荒む③◎	【すさむ】	〈自五〉	气馁，自暴自弃
自ら①	【みずから】	〈名・副〉	自己；亲自
断ち切る③④	【たちきる】	〈他五〉	截断；断绝

 聞く

四、ドラマを見ながらその対話を聞いて、内容に合っているものに〇、合っていないものに×をつけなさい。

1．道明寺はうっかりしてパーティで愚痴をこぼした。
2．道明寺の兄のケンもリストラの対象になった。
3．ケンが死んだのは牧野のせいだと思って、道明寺は彼女と別れようとした。
4．道明寺のお母さんも西田もその次の日にニューヨークへ行くことになった。

五、ドラマを見ながらその対話を聞いて、正しい答えをそれぞれ①・②・③・④から選んで、〇をつけなさい。

1．なぜ道明寺の発言で株が暴落したのか。
　① 道明寺は頭が悪いと思われたから
　② 道明寺は経営者になる資格がないと思われたから
　③ 現役と次期経営者の間に対立が見えるから
　④ 道明寺のお母さんは人柄がよくないことが分かったから

2．道明寺のお母さんはこの事態にどう対処したか。
　① マスコミの報道に反発した
　② 道明寺の口を封じた
　③ 道明寺を日本に帰らせた
　④ たくさんの社員を解雇した

3．道明寺はこの事件から何を学んだか。
① リーダーが重大な責任を負っていること
② 親の悪口を言ってはいけないこと
③ 牧野との関係をあきらめなければならないこと
④ リストラはいかに残酷なものかということ
4．西田はなぜ牧野にこの話を教えたのか。
① 道明寺のお母さんの足を引っ張りたいから
② ニューヨークへ戻らなけらばならないから
③ 牧野が好きだから
④ 道明寺のためになると思うから

六、ドラマの対話を聞きながら、次の文を完成しなさい。
1．深い意味はない、坊ちゃんらしい言葉でしたが、マスコミがこれを次期経営者の発言として、_____。
2．それで、彼の家族は崩壊し、_____。
3．トップに立つということは、グループに関わる何百万という人間の生活、_____と、実感したんだと思います。
4．そんな中、あなたと再会し、同じ時間を共有するようになって、どうしても、_____ように思います。

 聞いた後

七、聞いた対話の内容のあらすじを日本語で話してみなさい。
_____
_____
_____
_____

Ⅱ ニュースの視聴

 聞く前に

一、次の文の下線をつけた言葉は、どのような漢字を書くか、それぞれ①・②・③・④から選んで、○をつけなさい。

1. こくれんは中東の戦争のためにずっと動いてきた。
    ① 国聯　　　② 国連　　　③ 国際　　　④ 国繋

2. 鉄やアルミニウムなどの工業化素材の消費量などが、開発や発展のしひょうとなる。
    ① 師表　　　② 資表　　　③ 資標　　　④ 指標

3. 日本の社会ふくしの改革を行なえる萌芽がいくつか見える。
    ① 福士　　　② 福嗣　　　③ 福祉　　　④ 福利

4. 教会のふはいに対して、まず現われる改革の動きは公会議運動であった。
    ① 腐敗　　　② 不敗　　　③ 不配　　　④ 腐廃

5. ローマは宗教に関してはかんような政策を取り、自ら様々な外来宗教を受け入れていた。
    ① 管用　　　② 寛容　　　③ 肝要　　　④ 涵養

二、次の漢字の読み方を書きなさい。
① 数値化　[　　　　　]　② 順位　[　　　　　]
③ 上位　　[　　　　　]　④ 着実　[　　　　　]
⑤ 衝突　　[　　　　　]　⑥ 紛争　[　　　　　]

三、次の質問について、あなたの考えや意見を日本語で自由に話してみなさい。
問：幸せな人生を送るために何が一番重要なのか言ってみなさい。

単語リスト

国連◎	【こくれん】	〈名〉	联合国
指標◎	【しひょう】	〈名〉	指标
ランキング①◎	【ranking】	〈名〉	排列次序，名次
順位①	【じゅんい】	〈名〉	名次，席位
福祉②◎	【ふくし】	〈名〉	福利
腐敗◎	【ふはい】	〈名・自サ〉	腐朽；腐敗
衝突◎	【しょうとつ】	〈名・自サ〉	撞上；矛盾；冲突
留まる③	【とどまる】	〈自五〉	停止；限于

 聞く

四、ニュースの内容に合っているものに〇、合っていないものに×をつけなさい。
1．この幸福度調査は国連によって行われている。
2．ノルウェーの順位は去年より4位も上がった。
3．シリアの順位が低かった一番の理由は政府の腐敗である。
4．日本は去年53位で、幸福度が低かった。

五、ニュースを聞いて、正しい答えをそれぞれ①・②・③・④から選んで、〇をつけなさい。
1．今年の調査は＿＿＿＿＿カ国を対象にした。
　① 155　　② 125　　③ 255　　④ 55
2．次のどの地域の国が上位を占めているか。
　① 東欧　　② 西欧　　③ 北欧　　④ 南欧

3．日本はなぜ「幸福度」が低いと評価されているか。
　　① 経済がよくないから
　　② 健康寿命が低いから
　　③ 自由度が低いから
　　④ 人間関係が厳しいから

六、ニュースを聞きながら、次の文を完成しなさい。
1．国連は毎年世界各国の「幸福度」を＿＿＿＿＿＿＿＿＿＿＿＿＿＿＿＿＿＿、自由度、それに「他者への寛容さ」などの指標で数値化し、ランキングをまとめています。
2．2位がデンマーク、3位がアイスランドと今年も＿＿＿＿＿＿＿＿＿＿＿＿が上位を占めました。
3．ノルウェーが「最も幸せな国」となった理由について、国連は「＿＿＿＿＿＿＿＿＿＿＿＿＿＿＿＿＿＿＿＿＿＿＿＿＿＿＿＿＿＿＿＿＿」としています。
4．一方、最下位は＿＿＿＿＿＿＿＿＿で、シリアは152位などとなっている。
5．日本は「他者への寛容さ」などの数値が低く、去年よりも2つ順位を上げたものの、51位に留まり、＿＿＿＿＿＿＿＿＿＿＿＿＿＿＿＿＿＿＿＿＿＿。

 聞いた後

七、聞いたニュースのあらすじを日本語で話してみなさい。
　　＿＿＿＿＿＿＿＿＿＿＿＿＿＿＿＿＿＿＿＿＿＿＿＿＿＿＿＿＿＿
　　＿＿＿＿＿＿＿＿＿＿＿＿＿＿＿＿＿＿＿＿＿＿＿＿＿＿＿＿＿＿
　　＿＿＿＿＿＿＿＿＿＿＿＿＿＿＿＿＿＿＿＿＿＿＿＿＿＿＿＿＿＿
　　＿＿＿＿＿＿＿＿＿＿＿＿＿＿＿＿＿＿＿＿＿＿＿＿＿＿＿＿＿＿

第二課
弱くても勝てます
～青志先生とへっぽこ高校球児の野望～

I　ドラマのシーンの視聴

あらすじ
　国内有数の名門進学校・小田原城徳高校から東大に進み、生物学の研究者になった田茂青志（たも・あおし）。しかしある事情から彼が所属する研究室の閉鎖が決定し、しかたなく城徳高校で教師として働くことになる。そこで出会ったのは目前の創立以来勝ったことのない"超へっぽこ野球部"。試合をすればエラーの連続。技術・体力・根性・施設、すべてが足りていない。しかし野球を愛する気持ちは誰にも負けない。そんな野球部に関心がないフリをしていた青志だったが、気付けば野球部の問題に首を突っ込むハメになった。そして部員たちと甲子園を目指して奮闘し、笑いあり涙ありの青春を…

A　新米教師の登場

 聞く前に

一、次の文の下線に入れるのに最も適当なものを①・②・③・④から一つ選んで、○をつけなさい。

1. 先日、坂口は京セラドームで＿＿＿＿＿終わってしまった試合を観戦した。
   ① あっけなく　　② そっけなく　　③ はかなく　　④ ものたりなく

2. ロジカル・シンキングを実践するために最も重要なことは＿＿＿＿＿という習慣を身につけることだと思う。
   ① 抜き出す　　② 考え付く　　③ 考え抜く　　④ 耐え抜く

3. まことに＿＿＿＿＿ながら、商品価格を5％値上げさせていただきたく、お願い申し上げます。
   ① 不用心　　② 不本意　　③ 不気味　　④ 不器量

二、次の漢字の読み方を書きなさい。
① 快音 [　　　]　② 着任 [　　　]　③ 閉鎖 [　　　]
④ 失業 [　　　]　⑤ 保証 [　　　]　⑥ 難問 [　　　]

三、次の質問について、あなたの考えや意見を日本語で自由に話してみなさい。
問：今まで教わった先生の中、最も印象に残っている先生はどなたですか。その思い出を語ってください。

単語リスト

たんにん ◎	【担任】	〈名・他サ〉	管,担当;班主任
ひびく ②	【響く】	〈自五〉	响;回响;影响;出名
そろう ②	【揃う】	〈自五〉	聚齐,齐备;整齐;成对
オービー ③		〈名〉	校友,毕业生
かんとく ◎	【監督】	〈名・他サ〉	领队,教练;导演,管理人
とく ①	【解く】	〈他五〉	解开;解答;解除,消除
かしこい ③	【賢い】	〈形〉	聪明,贤明;巧妙,得要领
かんがえぬく ◎⑤	【考え抜く】	〈他五〉	充分考虑
まいもどる ④	【舞い戻る】	〈自五〉	返回,重返
ふほんい ②	【不本意】	〈名・形動〉	非本意,不情愿,违心

聞く

四、ドラマを見ながらその対話を聞いて、内容に合っているものに○、合っていないものに×をつけなさい。

① 小田原城徳高校野球部の部員は9人しかいない。
② 校長に任命されて、田茂先生は野球部の監督になった。
③ 田茂先生は12年前に小田原城徳高校を卒業し、東京大学に入学した。
④ 田茂先生は東大が何か学生に保証してくれると信じている。

五、ドラマを見ながらその対話を聞いて、正しい答えをそれぞれ①・②・③・④から選んで、○をつけなさい。

1．田茂先生は城徳高校で教師として働く期間はどれくらいですか。
　① 一ヶ月間　　　　　　② 一年間
　③ 二年間　　　　　　　④ 研究室に戻れる前

2．田茂先生にとって、本当にやりたい仕事はなんですか。
　① 先生　　　　　　　　② 野球部の監督
　③ 研究者　　　　　　　④ 野球選手

3．田茂先生は学生たちに何を油断してはならないと伝えましたか。
　① 試験問題
　② 難問が満ちている人生
　③ 進学目標を高くすること
　④ 東大に入れても将来失業する可能性もあること

六、ドラマの対話を聞きながら、次の文を完成させなさい。

① やっぱり白尾君か。うちの野球部で彼だけだ。あんな快音を　　　　　　　　のは。白尾君が9人いれば、　　　　　　　　　　　　　　だって夢じゃないんだ。

② 幸い、君たちは賢い。僕は君たちより、さらに12年多く　　　　　　　　　　　　　　　　　からもっと賢い。

③ 恐らく今、ほとんどのみんなが東京大学進学を　　　　　　　と思うけど、これだけは知っておいてほしい。

④ 人生は難問の　　　　　　　　　　　　　　　　　だ。だから、考えよう。

 聞いた後

七、聞いた対話のあらすじを日本語で話してみなさい。

B 赤岩の心を開く

 聞く前に

一、次の文の下線に入れるのに最も適当なものを①・②・③・④から一つ選んで、○をつけなさい。

1．その表情が映画のワンシーンのように、_____頭に残っている。
　　① いかに　　② いまでこそ　　③ とにかく　　④ いまだに
2．失恋で_____な気持ちになったとしても自責の念を持たないように頑張ってください。
　　① いじめ　　② みじめ　　③ おだやか　　④ ざんこく

3．電気通信事業分野における市場＿＿＿＿＿に関する年次計画を立てなければならない。
　　① 検証　　　　② 検閲　　　　③ 検挙　　　　④ 見証

二、次の漢字の読み方を書きなさい。
　　① 神童 ［　　　］　　② 屈辱 ［　　　］　　③ 味方 ［　　　］
　　④ 後悔 ［　　　］　　⑤ 特化 ［　　　］　　⑥ 生物 ［　　　］

三、次の質問について、あなたの考えや意見を日本語で自由に話してみなさい。
　　問：野球でたとえると、あなた向きのポジションはなんですか。それはどうしてですか。

単語リスト

キャッチャー ①		<名>	接球手
あじわう ◎③	【味わう】	<他五>	品尝；玩味，欣赏；体验
しんぜん ◎	【親善】	<名>	亲善，友好
エラー ①		<名>	错误，过失
ひだりきき ◎	【左利き】	<名>	左撇子；好喝酒的人
さける ②	【避ける】	<他一>	躲避；顾忌

 聞く

四、ドラマの対話を聞いて、内容に合っているものに〇、合っていないものに×をつけなさい。
　　① 田茂先生は昔キャッチャーだった。
　　② 田茂先生が後悔しているのは野球をやめたことだ。
　　③ 田茂先生にとって、苦手分野を避けて、得意分野に特化する人は臆病者だ。
　　④ 赤岩は試合で失敗したから野球部に戻りたくないんだ。

五、ドラマを見ながらその対話を聞いて、正しい答えをそれぞれ①・②・③・④から選んで、〇をつけなさい。
1．田茂先生はなぜ学生時代に神童と呼ばれましたか。
　　① 左利きだから　　　　　② 成績がいいから
　　③ 運動神経がいいから　　④ 野球が上手だから

2．赤岩にとって、苦手と下手の違いは何ですか。
　　① 程度　　　　　　　　② 客観性
　　③ 使える範囲　　　　　④ マイナス意味の有無
3．文脈によって、田茂先生は赤岩と話をする目的は何ですか。
　　① 同情の意を表す　　　② 自分の悩みを打ち上げる
　　③ 彼を野球部に引き戻す　④ 受験勉強中の彼を励ます

六、ドラマの対話を聞きながら、次の文を完成させなさい。
① 俺なんて、味方の球が捕れなかったんだから。お前と同じ、高二の時のだ。その頃からかな。野球から＿＿＿＿＿＿＿のも。それもお前と同じか。
② 苦手分野を避けて、得意分野に特化するっていうのは、生物として＿＿＿＿＿＿＿＿＿＿＿＿＿＿＿だからな。
③ 俺にとって野球は…まぁ、下手です。下手ですけど…決して＿＿＿＿＿＿＿じゃありません。
④ ＿＿＿＿＿＿＿＿＿＿＿＿＿＿＿ですけど、自分の中で、野球は得意です。

 聞いた後

七、聞いた対話のあらすじを日本語で話してみなさい。
＿＿＿＿＿＿＿＿＿＿＿＿＿＿＿＿＿＿＿＿＿＿＿＿＿＿＿＿＿＿＿＿＿＿＿＿＿
＿＿＿＿＿＿＿＿＿＿＿＿＿＿＿＿＿＿＿＿＿＿＿＿＿＿＿＿＿＿＿＿＿＿＿＿＿
＿＿＿＿＿＿＿＿＿＿＿＿＿＿＿＿＿＿＿＿＿＿＿＿＿＿＿＿＿＿＿＿＿＿＿＿＿
＿＿＿＿＿＿＿＿＿＿＿＿＿＿＿＿＿＿＿＿＿＿＿＿＿＿＿＿＿＿＿＿＿＿＿＿＿

C 部員をそろう

 聞く前に

一、次の文の下線に入れるのに最も適当なものを①・②・③・④から一つ選んで、〇をつけなさい。

1. 午後遅くなると＿＿＿＿＿ケーキは品切れかもしれない。
   ① めぼしい　　② けわしい　　③ くるしい　　④ そらぞらしい
2. ＿＿＿＿＿もご自愛ください。
   ① だらだら　　② ときどき　　③ たびたび　　④ くれぐれ
3. 経営者は現状に＿＿＿＿＿ことなく、常に変革を意識して行動すべきだ。
   ① おぼれる　　② あまんじる　　③ ひろげる　　④ たしかめる
4. 温泉旅行に行きたくて行きたくて＿＿＿＿＿している。
   ① うずうず　　② のびのび　　③ ごろごろ　　④ ぴりぴり

二、次の漢字の読み方を書きなさい。
① 決行 [　　　] ② 早急 [　　　] ③ 撤回 [　　　]
④ 種目 [　　　] ⑤ 奏者 [　　　] ⑥ 逸材 [　　　]

三、次の質問について、あなたの考えや意見を日本語で自由に話してみなさい。
問：野球は日本で一番人気があるスポーツとも言えます。では、なぜ日本人は野球が大好きですか？

単語リスト

てわけ ③	【手分け】	〈名・自サ〉	分工；布置人手
くどく ②	【口説く】	〈自五〉	苦口婆心地劝说；抱怨
てばなす ③	【手放す】	〈他五〉	放手；放下工作；让孩子离开身边
くすぶる ③	【燻る】	〈自五〉	停滞不前；隐居；冒烟
せんりょく ①	【戦力】	〈名〉	作战能力；军事力量
よせあつめる ⑤ ◎	【寄せ集める】	〈他一〉	归拢，收集
すぶり ◎	【素振り】	〈名・他サ〉	抡舞刀棒；单人反复练习
シンバル ①		〈名〉	钹（乐器）

第二課　弱くても勝てます～青志先生とへっぽこ高校球児の野望～

聞く

四、ドラマを見ながらその対話を聞いて、内容に合っているものに〇、合っていないものに×をつけなさい。
① 田茂先生にとって、今の部員たちは戦力とも言える。
② 田茂先生は負けるから野球をする意味がないと思う。
③ 白尾は亀沢という逸材を見つけた。
④ 亀沢は指揮台に上がりたかった。

五、ドラマを見ながらその対話を聞いて、正しい答えをそれぞれ①・②・③・④から選んで、〇をつけなさい。
1．部員を揃えるために、あと何人が必要ですか。
　　① 2人　　　② 3人　　　③ 4人　　　④ 5人
2．野球の意味を疑うのは誰ですか。
　　① 樫山　　　② 白尾　　　③ 江波戸　　　④ 牛丸
3．野球部はどうして一番くすぶってる部員を探したいですか。
　　① めぼしい部員を手放す部がない
　　② 各部に一番多いのはくすぶってる人だ
　　③ こういう人は潜在能力がある
　　④ こういう人は説得しやすい

六、ドラマの対話を聞きながら、次の文を完成させなさい。
① ってことで、堂学との親善試合は＿＿＿＿＿＿＿＿＿＿＿＿決行する。
② 可能性があるとすれば、種目を問わず、成績が＿＿＿＿＿＿＿＿＿＿＿＿、くすぶってる連中だ。
③ よし、聞いたな。運動部、文化部、＿＿＿＿＿＿＿＿＿＿＿＿問わず、とにかくくすぶってる連中を＿＿＿＿＿＿＿＿＿＿＿＿＿＿＿＿＿＿。
④ まずは、野球部になってみないか？＿＿＿＿＿＿＿＿はそれから考える。

 聞いた後

七、聞いた対話のあらすじを日本語で話してみなさい。

Ⅱ ニュースの視聴

 聞く前に

一、次の文の下線をつけた言葉は、どのような漢字を書くか、それぞれ①・②・③・④から選んで、〇をつけなさい。
1. ポケモンGOにおけるポケモンのほかく方法を教えてください。
　　① 保革　　② 捕獲　　③ 獲得　　④ 補完
2. このサイトを利用して、自分の書いた小説を自由にとうこうすることができる。
　　① 投光　　② 登校　　③ 投稿　　④ 登稿

3．海外メディアの報道によると、中国のスマートフォンメーカー、シャオミは米国市場にほんかく進出するのだという。
　　① 本格　　② 本覚　　③ 本局　　④ 本学
4．しめい手配被疑者によく似ている人を見かけたり、知っているなどの情報をお寄せください。
　　① 使命　　② 氏名　　③ 死命　　④ 指名
5．ヒロミはある芸能界のじゅうちんを怒らせ、その筋の人たちから追い込みを食らっていた。
　　① 袖珍　　② 重鎮　　③ 宗徒　　④ 衆知

二、次の漢字の読み方を書きなさい。
　　① 全米 [　　　] 　　② 職業 [　　　]
　　③ 候補 [　　　] 　　④ 演説 [　　　]
　　⑤ 巨匠 [　　　] 　　⑥ 退屈 [　　　]

三、次の質問について、あなたの考えや意見を日本語で自由に話してみなさい。
　　問：あなたは選挙に立候補したことがありますか。選出されましたか。落選したんですか。もしあれば、その経験を語ってください。

単語リスト

くさむら ◎	【草むら】	〈名〉	草丛
よび ①	【予備】	〈名〉	预备；预谋
アピール ②		〈名・自他サ〉	呼吁，控诉；吸引；有魅力
もりあげる ④	【盛り上げる】	〈他一〉	堆起，堆高；提高，增强
だんとつ ◎	【断トツ】	〈连〉	绝对领先；绝对出众
ショービズ ④		〈名〉	演艺圈；娱乐事业
かげき ◎	【過激】	〈形动〉	过度；激进
いへん ◎	【異変】	〈名・形动〉	异变；异常
きょうさん ◎	【協賛】	〈名・他サ〉	赞助；合力援助
とりやめる ◎④	【取り止める】	〈他一〉	停止，中止

聞く

四、ニュースの内容に合っているものに〇、合っていないものに×をつけなさい。
① 今年2月から、米国においてそれぞれの党が予備選挙を行った。
② 事実上党の候補者になったのが民主党のクリントン氏、共和党のトランプ氏。
③ トランプ氏は今年の就任式にもっとショービズ的な要素を取り入れると話した。
④ コカ・コーラも共和党大会の協賛を取りやめることになった。

五、ニュースを聞いて、正しい答えをそれぞれ①・②・③・④から選んで、〇をつけなさい。
1．共和党大会は何日間の日程で行われますか。
　　①2　　②3　　③4　　④5
2．共和党大会初日の内容はなんですか？
　　①トランプ氏の妻らの演説　　②副大統領候補の演説
　　③トランプ氏の演説　　④大統領候補と副大統領候補の正式な指名
3．ブッシュ元大統領親子らが大会を欠席する原因はなんですか。
　　① 都合が悪い
　　② アップルなどの企業が協賛を取りやめる
　　③ 暴言で物議を醸すトランプ氏を批判するため
　　④ 過激な言動が目立つクリントン氏を批判するため

六、ニュースを聞きながら、次の文を完成させなさい。
① 全米が注目するイベントがあと3時間後に＿＿＿＿＿＿＿＿＿＿します。
② やや＿＿＿＿＿的なイベントなので盛り上げるために、毎回＿＿＿＿＿＿が用意されています。
③ トランプ氏がアップルの海外生産を批判していること、そしてトランプ氏が否定的な＿＿＿＿＿＿に、アップルのCEOティム・クック氏が積極的なことなどが理由と見られます。
④ 差別的な発言が目立つトランプ氏が主役の共和党大会を協賛すると、＿＿＿＿＿＿＿＿＿＿を招くという懸念が背景にあるとアメリカメディアは見ているんです。

 **聞いた後**

七、聞いたニュースのあらすじを日本語で話してみなさい。

第三課
四月は君の嘘

I アニメのシーンの視聴

あらすじ

　母の死をきっかけにピアノが弾けなくなってしまった天才ピアニストの少年・有馬公生は、天真爛漫なバイオリニストの宮園かをりに惹かれていく。かをりとの出会いをきっかけに、ピアノと母との思い出とに向き合っていく公生だったが、かをりもまた、ある秘密を抱えていた。
　コンクールが終わり数日後、かをりが生前に書いた手紙が、公生に届けられる。そこには、かをりの公生への秘められた想いと、ささやかな『嘘』が綴られていた。

A 愛の悲しみ

 聞く前に

一、次の文の下線に入れるのに最も適当なものを①・②・③・④から一つ選んで、○をつけなさい。

1．原作を読んでみると意外とコーエン兄弟原作に_____に映画化してるのがわかりました。
　　① 確実　　② 忠実　　③ 現実　　④ 実際

2．離婚の経済的帰結に関する_____な数字は、論議の対象となっている。
　　① 確信　　② 確保　　③ 正確　　④ 確率

3．ひどい家庭環境の中で育ちました。あの家から_____まで、毎日親2人から言われ続けた言葉が今も消えません。
　　① 逃げ出す　　② 逃げ回る　　③ 逃げ惑う　　④ 逃げ込む

4．また、事故の様子を客観的に見ている夢は、近い将来何_____の問題に巻き込まれる可能性がありますので注意してください。
　　① かしら　　② より　　③ なり　　④ なら

二、次の漢字の読み方を書きなさい。
　　① 譜面［　　　］　② 忠実［　　　］　③ 苦手［　　　］
　　④ 宝物［　　　］　⑤ 亡霊［　　　］　⑥ 断続的［　　　］

三、次の質問について、あなたの考えや意見を日本語で自由に話してみなさい。
　　問：あなたにとって、お母さんはどのような存在ですか。

単語リスト

はみがき ②	【ハミガキ】	＜名＞	刷牙；牙刷；牙膏；牙粉
つくりだす ④◎	【作り出す】	＜他五＞	創造，創作，写出，開始做
だきしめる ◎	【抱きしめる】	＜他一＞	死守，緊抱；相擁，擁抱
つながる ◎	【繋がる】	＜自五＞	連接；排列；牽連；有关系
きょうゆう ◎	【共有】	＜名・他サ＞	一物由多数人所共有

聞く

四、アニメを見ながらその対話を聞いて、内容に合っているものに〇、合っていないものに×をつけなさい。
① 公生がコンサートで「愛の悲しみ」を弾いている。
② 有馬早希は息子の公生を瀬戸紘子に預け、一人で外国に行った。
③ 有馬早希は公生にピアノの指導をしていた。
④ 公生のお母さんはいつも「愛の喜び」を弾いていた。

五、アニメを見ながらその対話を聞いて、正しい答えをそれぞれ①・②・③・④から選んで、〇をつけなさい。
1．有馬公生は、誰のためにピアノを弾きますか。
① 自分
② 自分の母（有馬早希）
③ 宮園かをり
④ 瀬戸紘子
2．どうして母はいつも「愛の悲しみ」を弾きますか？
① 譜面を忠実に正確に弾かせるから
② 公生は運動が苦手から
③ 悲しみに慣れておくから
④ 「愛の悲しみ」という曲が有名から

六、アニメの対話を聞きながら、次の文を完成させなさい。
① ちゃんと見ててよ。私たちの息子は、＿＿＿＿＿＿＿＿＿をしに行くから。
② ひどい母親、あの子に何も＿＿＿＿＿＿＿＿＿＿＿＿＿＿＿＿＿…
③ …毎朝＿＿＿＿＿＿＿かしら、どこでも寝ちゃうから風邪ひかないかしら、運動が苦手だから、＿＿＿＿＿＿＿＿＿＿＿＿かしら。
④ 知ってたんだ…母さんの亡霊は、＿＿＿＿＿＿＿＿＿＿＿＿＿＿。
⑤ 音が＿＿＿＿＿＿＿＿＿ように、私達は共有している。音楽を通して、知っている誰かと、知らない誰かと、世界中の誰かと…

 聞いた後

七、公生のことについて、有馬早希が心配していることは何ですか。それを日本語で言ってみなさい。
_____
_____
_____
_____

B 春風(前)

 聞く前に

一、次の文の下線に入れるのに最も適当なものを①・②・③・④から一つ選んで、○をつけなさい。

1．ロマン主義文学は、激しい愛情や憧憬を描いて＿＿＿＿＿人物が躊躇やとまどいを見せながら生きている様を描いたものが多い。
　① 登場　　② 来場　　③ 現場　　④ 会場

2．ホロヴィッツは突然、前に立ちはだかって、しゃべりはじめた男に＿＿＿＿＿した表情で、じっと私を見詰めている。
　① そっくり　② びっくり　③ がっかり　④ きっかり

3．岩石の風化が進んで土壌となり、その表面から砂塵が＿＿＿＿＿。
　① 舞い上がる　② 見舞う　③ 舞い戻る　④ 振舞う

二、次の漢字の読み方を書きなさい。
① 拝啓　[　　　]　② 左右　[　　　]　③ 通院　[　　　]
④ 入退院[　　　]　⑤ 待合室[　　　]　⑥ 勝手　[　　　]
⑦ 指図　[　　　]　⑧ 地獄　[　　　]　⑨ 禍根　[　　　]

単語リスト

パレット ②	【palette】	〈名〉	调色；板铲板，托盘
カラフル ①	【colorful】	〈形动〉	富于色彩的；颜色鲜艳的
メロディ ①	【melody】	〈名〉	旋律；曲调
バイオリン ①	【violin】	〈名〉	小提琴
アンポンタン ③	【安本丹】	〈名〉	愚蠢，傻瓜，糊涂虫，笨蛋
サンドイッチ ④	【sandwich】	〈名〉	三明治，夹心面包
コンタクトレンズ ⑥	【contact lens】	〈名〉	隐形眼镜，无形眼镜
ふたまた ⓪	【二股】	〈名〉	两岔，两股；脚踏两只船

 聞く

三、アニメを見ながらその対話を聞いて、正しい答えをそれぞれ①・②・③・④から選んで、〇をつけなさい。

1. 宮園かをりはいつ、どこで有馬公生に初めて会いましたか。
   ① 5つの時、ピアノ教室
   ② 5つの時、バイオリン教室
   ③ 4つの時、ピアノ教室
   ④ 4つの時、バイオリン教室

2. 宮園かをりはどんな嘘をつきましたか。
   ① 有馬公生のことが好きだ
   ② 自分の身体が良くない
   ③ 渡亮太君のことが好きだ
   ④ 隣の子が泣き出した

3. 手紙の内容によって、宮園かをりは誰に謝りましたか。
   ① 有馬公生と渡亮太君に
   ② 渡亮太君と有馬公生に
   ③ 椿ちゃんと有馬公生に
   ④ 渡亮太君と椿ちゃんに

四、アニメの対話を聞きながら、次の文を完成させなさい。

① ＿＿＿＿＿＿登場したその子は、椅子にお尻をぶつけて＿＿＿＿＿＿、大きすぎるピアノに向かい、一音を奏でたとたん、私の憧れになりました。

② 音は２４色パレットのように＿＿＿＿＿＿＿＿＿＿＿＿＿踊りだす。

③ 子供の頃に手術をして、＿＿＿＿＿＿＿＿＿＿、中一の時に倒れたのをきっかけに、入退院の繰り返し、病院で過ごす時間が長くなりました。

④ 後悔を＿＿＿＿＿＿＿＿＿＿＿＿＿ため、好き勝手やったりしました。

⑤ 私は通り過ぎていなくなる人間、＿＿＿＿＿＿＿＿＿＿＿＿＿＿の
で、＿＿＿＿＿＿＿＿＿＿＿＿椿ちゃんにはお願いできませんでした。

 聞いた後

五、どうして宮園かをりは嘘をついたのか。それを日本語で言ってみなさい。

C 春風（後）

 聞く前に

一、次の文の下線に入れるのに最も適当なものを①・②・③・④から一つ選んで、○をつけなさい。

1. しかし、最終的にプールに_____のは私ではありません。
   ① 飛び出す　　② 飛び去る　　③ 飛びつく　　④ 飛び込む

2. しばらく無言のまま、微動だにしないでいたが、やがてその目が_____と輝き始めた。
   ① ぴかぴか　　② きらきら　　③ さらさら　　④ はらはら

3. 戦争中にあって、食べ物_____ものは食べられなかった。
   ① らしい　　② そうな　　③ みたいな　　④ ような

4. ダイエットを始めて約4年、初めは失敗_____でしたが、なんとか目標の42kgになることができました。
   ① だけ　　② だらけ　　③ まみれ　　④ ばかり

二、次の漢字の読み方を書きなさい。
① 姑息 [　　　]　② 卑屈 [　　　]　③ 盗撮 [　　　]
④ 同封 [　　　]　⑤ 背後 [　　　]　⑥ 覚悟 [　　　]

単語リスト

しつこい ③		〈形〉	执拗，纠缠不休的；浓重
まんまる ③	【真ん丸】	〈形动〉	圆滚，溜圆
はなびら ③④⓪	【花びら】	〈名〉	花瓣
ささい ①	【些細】	〈形动〉	琐碎
リセット ②	【reset】	〈名・他サ〉	重新设定；重新开始
どそく ⓪	【土足】	〈名〉	不脱鞋，穿着鞋；泥脚。

 聞く

三、アニメを見ながらその対話を聞いて、内容に合っているものに○、合っていないものに×をつけなさい。
　① 土稜橋から飛び込んだ川は暖かくて気持ちよかったね。

② 輝く星の下で、三人で歌ったキラキラ星、楽しかったね。
③ 音楽室をのぞくまんまるの月は、お団子みたいで美味しそうだった。
④ 雪って、桜の花びらに似てるよね。

四、アニメを見ながらその対話を聞いて、正しい答えをそれぞれ①・②・③・④から選んで、〇をつけなさい。
1．宮園かをりの話によって、有馬公生に合っていないものはどれですか。
　① 意固地でしつこくて盗撮魔
　② 思ってたより声が大きい
　③ 思ってたより男らしい
　④ 思ってた通り優しい
2．宮園かをりは有馬公生に謝った理由はどれですか。
　① 夜の学校って絶対何かあるから
　② 有馬公生のことが好きだから
　③ 自分の宝物を同封するから
　④ わがままばかりであるから

五、アニメの対話を聞きながら、次の文を完成させなさい。
　① 演奏家なのに舞台の外のことで＿＿＿＿＿＿なのは、なんかおかしいね。
　② 忘れられない風景が＿＿＿＿＿＿ことなんて、おかしいよね。
　③ 私の宝物を同封いたします。いらなかったら＿＿＿＿＿＿下さい。
　④ 背後霊みたく、ずっとずっとそばにいてやるんだからな。＿＿＿＿＿＿！
　⑤ 競争した電車には＿＿＿＿＿＿と思った。

 聞いた後

六、有馬公生はどんな気持ちで「もうすぐ、春が来る。君と出会った春が来る。君がいない…春が来る」と言いましたか。
＿＿＿＿＿＿＿＿＿＿＿＿＿＿＿＿＿＿＿＿＿＿＿＿＿＿＿＿＿＿
＿＿＿＿＿＿＿＿＿＿＿＿＿＿＿＿＿＿＿＿＿＿＿＿＿＿＿＿＿＿
＿＿＿＿＿＿＿＿＿＿＿＿＿＿＿＿＿＿＿＿＿＿＿＿＿＿＿＿＿＿

Ⅱ ニュースの視聴

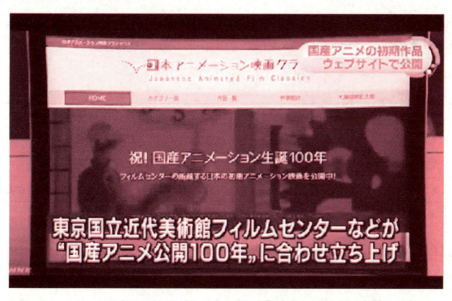

 聞く前に

一、次の文の下線をつけた言葉は、どのような漢字を書くか、それぞれ①・②・③・④から選んで、〇をつけなさい。

1. つまり、木型は帽子の<u>せいさく</u>になくてはならない道具なのです。
   ① 政策　　② 制作　　③ 製作　　④ 精作
2. 映画『ギミー・ヘブン』が今秋<u>こうかい</u>予定。
   ① 更改　　② 公会　　③ 後会　　④ 公開
3. 前回は団体で銀メダルを獲得するなど<u>かつやく</u>したが、不振で臨んだ今回はこの日が初めての試合となった。
   ① 勝訳　　② 活訳　　③ 勝躍　　④ 活躍
4. その頃になると童話のおかげでアンデルセンの<u>ひょうか</u>も上がっていた。
   ① 氷菓　　② 評価　　③ 評加　　④ 表嘉
5. 今月号の<u>とくしゅう</u>は、田辺市が全国に誇る「紀州備長炭」の魅力を皆さんにご紹介します。
   ① 特修　　② 特集　　③ 得集　　④ 徳修
6. ところが役者がその<u>だいほん</u>をもらって、腕を組んで考え込んでしまった。
   ① 台本　　② 題本　　③ 題版　　④ 代本

二、次の漢字の読み方を書きなさい。
① 変遷 [   ]   ② 名付ける [   ]

三、次の質問について、あなたの考えや意見を日本語で自由に話してみなさい。
問：日本のアニメーション産業について、どう思いますか。

単語リスト

ウェブサイト ③	【website】	〈名〉	网站；网络站点
フィルムセンター ①	【film center】	〈名〉	影视中心
アニメーション ③	【animation】	〈名〉	动画片；动画
クラシック ③	【classic】	〈名・形動〉	古典；古典的；古典音乐

 聞く

四、ニュースの内容に合っているものに○、合っていないものに×をつけなさい。
① このウェブサイトは国産アニメの公開から今年で50年とされるのに合わせて立ち上げました。
② 「日本アニメーション映画クラシックス」は64の作品を公開しています。
③ 現存する最も古い作品として知られるにのは太藤信朗の「なまくら刀」です。
④ 幸内純一は戦前から戦後にかけて活躍したアニメション作家です。

五、ニュースを聞いて、正しい答えをそれぞれ①・②・③・④から選んで、○をつけなさい。
1．「日本アニメーション映画クラシックス」をつくった組織はなんですか。
　① 東京国立近代博物館フィルムセンターなど
　② 東京国立美術館フィルムセンターなど
　③ 東京国立近代美術館フィルムセンターなど
　④ 東京国立近代美術館フィルムセンター
2．「なまくら刀」が描いた内容は何ですか。
　① おっちょこちょいの侍
　② 日本刀の製作技術
　③ 刀の歴史
　④ 侍の歴史

3．太藤信朗について手書き台本などを含め、およそなん点ぐらいの製作資料も紹介されていますか。
　　① 100　　　　　　　② 140
　　③ 200　　　　　　　④ 知らない

六、ニュースを聞きながら、次の文を完成させなさい。
　① このウェブサイトは、歴史や製作技術の_____新たに立ち上げました。
　② 「なまくら刀」は大正6年に制作・公開され、_____アニメの作品として知られる。
　③ どうやったら今の作品が残っていくのかとか、そういったことも一緒に_____と思います。

聞いた後

七、聞いたニュースのあらすじを日本語で話してみなさい。

第四課
プライド

I ドラマのシーンの視聴

あらすじ

　実業団アイスホッケーチーム「ブルースコーピオンズ」のキャプテン里中ハルは、「古き良き時代」の女性、ファンの村瀬亜樹を一目ぼれした。亜樹はアメリカ留学中の、音信不通状態の恋人夏川啓介を二年間も待ち続けているが、ハルが提案した「恋愛ゲーム」を承諾した。しかし、ハルと亜樹の親密さを深めつつあるとき、夏川が留学先から戻り、亜樹に指輪を用意して結婚を促す。二人の男の間に立たされた亜樹はその選択にたいへん苦しんだ。

　「氷上の格闘技」といわれるアイスホッケーに情熱を燃やす青年の奮闘をメインに、それに絡むOLとの恋愛模様、また選手との人間関係をリアルに描いた「スポ根（スポーツ根性モノ）ラブストーリー」である。

A 恋愛ゲーム

 聞く前に

一、次の文の下線に入れるのに最も適当なものを①・②・③・④から一つ選んで、〇をつけなさい。

1．一週間も続いた期末テストが今日やっと終わったので、今夜は_____眠るそうだ。
　　① ぐっすり　　　② しっかり　　　③ たっぷり　　　④ ぴったり

2．主婦のへそくりはよく家計の穴_____として使われていることが調査でわかった。
　　① 埋まり　　　② 埋め　　　③ 止め　　　④ 止まり

3．彼女との関係は何時まで経っても微妙で、友達以上恋人_____というようなものに止まっている。
　　① 満ちない　　　② 非満　　　③ 未満　　　④ 不満

二、次の漢字の読み方を書きなさい。
　　① 設計 [　　　]　② 真剣 [　　　]　③ 恋愛 [　　　]
　　④ 最悪 [　　　]　⑤ 束縛 [　　　]　⑥ 契約書 [　　　]

三、次の質問について、あなたの考えや意見を日本語で自由に話してみなさい。
　　問：あなたにとって、理想的な恋愛とはどんなものですか。

単語リスト

せっけい ◎	【設計】	〈名・他サ〉	设计
ニューヨーク ③	【New York】	〈专〉	纽约
すっかり ③		〈副〉	完全
ていあん ◎	【提案】	〈名〉	提议，提案
ホッケー ①	【hockey】	〈名〉	曲棍球；本课为冰球略称
しんけん ◎	【真剣】	〈名・形動〉	认真
ちゃかす ②		〈他五〉	开玩笑
さいあく ◎	【最悪】	〈名・形動〉	最坏，最糟
ほんき ◎	【本気】	〈名・形動〉	认真，当真
ざいあくかん ⑤	【罪悪感】	〈名〉	罪恶感
かりそめ ◎	【仮初】	〈名〉	暂时，一时

そくばく ◎	【束縛】	<名・他サ>	束縛
しっと ◎①③	【嫉妬】	<名・他サ>	嫉妒，羡慕
うめる ◎	【埋める】	<他一>	填补
ぐっすり③		<副>	熟睡
つながる ④◎	【繋がる】	<自五>	连接
けいやくしょ ⑤◎	【契約書】	<名>	合同，契约书
はんこ ③	【判子】	<名>	印章，图章
おす ◎	【押す】	<名>	按，压
みまん ①	【未満】	<名>	未满，不足
げんてい ◎	【限定】	<名・他サ>	限定，限制

 聞く

四、ドラマの対話を聞いて、内容に合っているものに〇、合っていないものに×をつけなさい。
　① ハルは真剣に恋しようと提案した。
　② 今までハルはゲームみたいな恋愛ばかりやってきた。
　③ ハルが提案した恋愛ゲームの期間は亜樹の彼氏が戻ってくるまでの間だ。
　④ 亜樹は古き良き時代の保守的な女性だから、ハルの提案を断った。

五、ドラマを見ながらその対話を聞いて、正しい答えをそれぞれ①・②・③・④から選んで、〇をつけなさい。
1．亜樹はハルの恋愛観についてどう思いますか。
　　① お互いに負担がないので、最高だ
　　② 女の子が可哀相、最悪だ
　　③ 特に好き嫌いがない
　　④ 束縛も嫉妬もないし、一番自由だ
2．亜樹の恋人が戻ってきたら、ハルはどうしますか。
　　① 彼から亜樹を奪いたい
　　② ばれないように、こっそり恋愛関係を続ける
　　③ 亜樹の意思に従う
　　④ 笑顔で分かれる

3．ハルの提案を聞いた亜樹はどう反応しましたか。
　　① いやいやながら受け入れた
　　② 喜んで受け入れた
　　③ 平淡な気持ちで受け入れた
　　④ 無理やり受け入れた

六、ドラマの対話を聞きながら、次の文を完成させなさい。
　　① お互い本気にならないですむし、＿＿＿＿＿＿＿＿＿＿＿＿＿そういうのもないし。
　　② 相手を待ってる間の＿＿＿＿＿＿＿＿＿＿＿＿＿＿＿＿＿思うし、でも恋人が戻ってきたら、笑顔でバイバイ。
　　③ いいよ。私は、私はアキ、＿＿＿＿＿＿＿＿＿＿＿＿＿＿＿。
　　④ よし。じゃあ＿＿＿＿＿＿＿＿＿＿＿＿＿＿＿＿＿＿＿＿＿。

聞いた後

七、聞いた対話のあらすじを日本語で話してみなさい。
　　＿＿＿＿＿＿＿＿＿＿＿＿＿＿＿＿＿＿＿＿＿＿＿＿＿＿＿＿
　　＿＿＿＿＿＿＿＿＿＿＿＿＿＿＿＿＿＿＿＿＿＿＿＿＿＿＿＿
　　＿＿＿＿＿＿＿＿＿＿＿＿＿＿＿＿＿＿＿＿＿＿＿＿＿＿＿＿
　　＿＿＿＿＿＿＿＿＿＿＿＿＿＿＿＿＿＿＿＿＿＿＿＿＿＿＿＿

B 古き良き時代の女性

 聞く前に

一、次の文の下線に入れるのに最も適当なものを①・②・③・④から一つ選んで、〇をつけなさい。

1．変な人に_____ように気を付けてください。
　① 引っぱらない　　　② 引っかからない
　③ 引きこもらない　　④ 引きさがらない

2．幼いとき、家庭が貧しかったので、_____服を着せられ、舞台に立たされたことがあった。
　① みすぼらしい　　　② あつかましい
　③ うっとうしい　　　④ おしつけがましい

3．上司は怒りに_____目で加賀美を睨みつけた。
　① 焼けた　　② 焼いた　　③ 燃やした　　④ 燃えた

二、次の言葉の読み方を書きなさい。
　① 健在［　　　］　② 同情［　　　］　③ 見守る［　　　］
　④ 引退［　　　］　⑤ 褪せる［　　　］　⑥ 関心［　　　］

三、次の質問について、あなたの考えや意見を日本語で自由に話してみなさい。
　問：いわゆる古き良き時代の女性とはどんな人間を想像しますか。

単語リスト

つくりばなし ④	【作り話】	〈名〉	虚构的故事
ひっかかる ④		〈自五〉	受骗，中圈套
けんざい ◎	【健在】	〈名・形動〉	健在
なかよりこよし ◎	【仲よりこよし】	〈名〉	亲亲密密，恩恩爱爱
じっと ◎		〈副〉	一动不动，凝神
ディフェンス ◎②	【defense】	〈名〉	防守（队员和方法）
グリンピース	【green peas】	〈名〉	豌豆
あいだがら ◎	【間柄】	〈名〉	关系，交际
あやまる ③	【謝る】	〈他五〉	道歉
おとさた ◎②	【音沙汰】	〈名〉	消息，音讯
とっくに ③		〈副〉	很早，已经

あきらめる ④	【諦める】	〈他一〉	放弃，死心
みまもる ◎③	【見守る】	〈他五〉	守护，关怀
かさねる ◎	【重ねる】	〈他一〉	重叠，再加上
こく ①②	【酷】	〈形動〉	苛刻，残酷
めいわく ①	【迷惑】	〈名・形動〉	麻烦，困扰
おっぱい ①		〈名〉	（幼儿语）奶，乳房
すう ◎	【吸う】	〈他五〉	吸
リンク ①	【rink】	〈名〉	滑冰场，溜冰场
きらきら ①		〈副・自サ〉	闪耀，闪烁
いんたい ◎	【引退】	〈名・自サ〉	隐退，退役
いろあせる ④	【色褪せる】	〈自一〉	褪色，魅力退却
みすぼらしい ⑤		〈形〉	寒碜，难看
もえる ◎	【燃える】	〈自一〉	燃烧，充满激情
おいかける ④	【追いかける】	〈他一〉	追赶
ふるきよき	【古き良き】	〈形〉	传统美好的
いまどき ◎	【今どき】	〈名〉	如今，现在
ナウオンセール ⑤	【now on sale】		当下正流行
ごうコン ◎	【合コン】	〈名〉	联谊，联合茶话会
ごく ①	【極】	〈副〉	极，非常
ありきたり ◎		〈形動〉	普通，寻常

聞く

四、ドラマの対話を聞いて、内容に合っているものに〇、合っていないものに×をつけなさい。

① 亜樹はハルの親に関する噂話を信じている。
② ハルの両親はすでになくなったから、亜樹に紹介できない。
③ 亜樹は他の女の子と同じように、ただハルの外見に惚れただけだ。
④ 亜樹自身は自分が古き良き時代の女性であることを認めている。

五、ドラマを見ながらその対話を聞いて、正しい答えをそれぞれ①・②・③・④から選んで、〇をつけなさい。

1．亜樹はなぜハルに両親を紹介してほしいと言いましたか。
① 両親に関するハルの話を信じたから
② 両親に関するハルの話を信じなかったから
③ ハルの両親に関する大和の話を信じなかったから
④ ハルの両親に会いたいから

2．なぜこの二年間亜樹は新しい彼氏ができませんでしたか。
① 彼氏を待っているから
② 好きな人と出会っていないから
③ 彼氏のことをまだ忘れられないから
④ 恋に絶望したから

3．亜樹自身は自分がどんな人間だと思っていますか。
① 古き良き時代の女性　　　② 良妻賢母
③ キャリアウーマン　　　　④ 普通のOL

六、ドラマの対話を聞さながら、次の文を完成させなさい。
① ハル：何？そんなじっと見て。
亜樹：目で_____を読んでるの。
② あなたはー、やっぱり_____して見えたから。
③ じゃあ引退して、_____。
④ 普通のOLなの！_____でもないし、何かやりたいことっていうか_____があるわけでもなくて、とにかく普通のOLなのよ。

 聞いた後

七、聞いた対話のあらすじを日本語で話してみなさい。

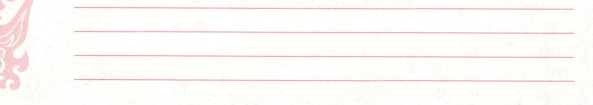

C 罪の償い

 聞く前に

一、次の文の下線に入れるのに最も適当なものを①・②・③・④から一つ選んで、○をつけなさい。

1．燃え尽き症候群とは仕事のストレスに＿＿＿＿＿きれなくなって職場を辞めていくこと。
　　① 溜まり　　　　② 忍び　　　　③ 耐え　　　　④ 抑え

2．昔付き合っていた男のこと＿＿＿＿＿けど、過去のことうるさく言ってもしかたがない。
　　① 気兼ねする　　② 気になる　　③ 気を配る　　④ 気があう

3．大地震でなくなった人々の遺体を見て、心の中で＿＿＿＿＿。
　　① 手を合わせた　② 手を打った　③ 手を入れた　④ 手を切った

二、次の言葉の読み方を書きなさい。
　　① 罪　[　　　]　② 償う　[　　　]　③ 犠牲　[　　　]
　　④ 正直　[　　　]　⑤ 哀れむ　[　　　]　⑥ 泣き言　[　　　]

三、次の質問について、あなたの考えや意見を日本語で自由に話してみなさい。
　　問：不愉快なことに遭ったら、どんな方法でそれを忘れようとしますか。

単語リスト

アイスマン ④	【ice man】	〈名〉	冰上运动员
くるしみ ◎③	【苦しみ】	〈名〉	苦恼
いたみ ③	【痛み】	〈名〉	疼痛
つぐなう ③	【償う】	〈他五〉	补偿，赎（罪）
たえる ②	【耐える】	〈自一〉	忍耐，坚持
かがいしゃ ②	【加害者】	〈名〉	加害者
ひがいしゃ ②	【被害者】	〈名〉	受害者
いいかげん ◎	【いい加減】	〈形動〉	适可而止
はなす ②	【離す】	〈他五〉	放开，离开
ちくしょう ③	【畜生】	〈感〉	（骂人时用语）畜生，可恶
なじる ②	【詰る】	〈他五〉	责问，责备
しょうじき ③④	【正直】	〈副〉	实在，说实在
とびだす ③	【飛び出す】	〈自五〉	跳出，飞出
よける ②	【避ける】	〈他一〉	避开，躲避
あわれむ ③	【哀れむ】	〈他五〉	怜悯，觉得可怜
さけぶ ②	【叫ぶ】	〈自五〉	呼喊，喊叫
ひきずる ④	【引き摺る】	〈他五〉	拖，拽
ぐち ◎	【愚痴】	〈名〉	发牢骚，抱怨
ゴール ①	【goal】	〈名〉	球门
せめる ②	【攻める】	〈他一〉	进攻

 聞く

四、ドラマの対話を聞いて、内容に合っているものに○、合っていないものに×をつけなさい。

① 大和は子どものときからアイスマンを目指していた。
② 大和は自分を犠牲にして、他人の人生を生きてきたつもりだ。
③ 大和はまだ12年前の事故で苦しんでいる。
④ 大和が過去の重荷を降ろして、自分の人生を楽しむようにとハルは望んでいる。

五、ドラマを見ながらその対話を聞いて、正しい答えをそれぞれ①・②・③・④から選んで、○をつけなさい。

1．なぜ大和はアイスホッケーが嫌いですか。
　　① アイスホッケーが下手だから
　　② 試合中に怪我しやすいから
　　③ アイスホッケー選手は将来性がないから
　　④ 罪を償うために、アイスホッケーを選んだ

2．大和は事故のことについてどう思っていますか。
　　① 責任はすべて自分にあると思っています
　　② スピードが出さなければ事故にはならなかったと思っています
　　③ その子が急に飛び出したから、自分は悪くないと思っています
　　④ 近所にでも学校にでも責められたから、くやしい思いをしました

3．ハルはなぜ大和を事故の場所まで連れて行きましたか。
　　① 大和を非難しようとしているから
　　② 大和に元気を出してもらいたいから
　　③ アイスホッケーを止めてほしいから
　　④ 大和にけんかを売りたいから

六、ドラマの対話を聞きながら、次の文を完成させなさい。
　　① あの子の人生代わりに生きてるんだろ？その＿＿＿＿＿＿＿＿＿＿＿＿＿＿＿＿＿＿＿つもりなんだろ？
　　② お前は加害者なんだよ！なのに＿＿＿＿＿＿＿＿＿＿すんなっつってんだよ。俺はこんなにも＿＿＿＿＿＿＿＿＿＿＿＿＿＿どうしていつまでも許してもらえない。
　　③ 正直俺は悪くない。＿＿＿＿＿＿＿＿＿＿＿＿＿＿＿＿。だけどあんなの＿＿＿＿＿＿＿＿＿＿＿＿＿＿＿＿＿＿＿はずねえじゃねえか。
　　④ こんなつらい目に＿＿＿＿＿＿＿＿＿＿＿＿＿＿＿＿＿＿＿＿だけなんだよ。

 聞いた後

七、聞いた対話のあらすじを日本語で話してみなさい。

Ⅱ ニュースの視聴

 聞く前に

一、次の文の下線に入れるのに最も適当なものを①・②・③・④から一つ選んで、○をつけなさい。

1. 昔、手に入ることが難しかった個人用パスポートは、今の時代となっては非常に簡単に_____してもらえる。
   ① 発効　　　② 発酵　　　③ 発行　　　④ 発光

2．戦後、日本の経済は＿＿＿＿＿＿な発展を遂げ、いち早く世界のトップクラスに躍進し、奇跡と呼ばれた時代があった。
　　① 休息　　　　② 急速　　　　③ 迅速　　　　④ 早速

3．一か月ほどの入院生活を経て、ようやく今日から退院ができ、お酒も＿＿＿＿＿＿となり、本当にうれしくて。
　　① 開院　　　　② 外勤　　　　③ 皆勤　　　　④ 解禁

二、次の漢字の読み方を書きなさい。
　① 影響［　　　］　② 国債［　　　］　③ 大台［　　　］
　④ 突破［　　　］　⑤ 金利［　　　］　⑥ 予算［　　　］

三、次の質問について、あなたの考えや意見を日本語で自由に話してみなさい。
　問：国債とはどんなものか知っていますか。あなたは将来、投資するつもりがあるか。そして、投資するならどんな方法を選ぶか。

単語リスト

ペイオフ ③	【pay off】	〈名〉	存款限額保護制度
かいきん ◎	【解禁】	〈名・サ変〉	解禁，解除禁令
きゅうそく ◎	【急速】	〈名・形動〉	迅速，快
たかまる ③	【高まる】	〈自五〉	提高，高漲，上升
はっこう ◎	【発行】	〈名・サ変〉	发行，发放
おおだい ◎	【大台】	〈名〉	大关
とっぱ ◎①	【突破】	〈名・サ変〉	突破
たっする ◎③	【達する】	〈サ変〉	到达，达到
がんぽん ①	【元本】	〈名〉	本钱，资本，老本
うわまわる ④	【上回る】	〈他五〉	超过，超出
くわえる ◎③	【加える】	〈自一〉	加上，包含
ながれこむ ④	【流れ込む】	〈自五〉	流入，流进
たよる ②	【頼る】	〈他五〉	依靠，依赖
ちからづよい ⑤	【力強い】	〈形〉	强有力的
みかた ◎	【味方】	〈名〉	同伴，我方

聞く

四、ニュースの内容に合っているものに〇、合っていないものに×をつけなさい。
① 個人向け国債はペイオフの影響で人気急騰し、今では入手困難になった。
② 元本保証型の個人向け国債は今年3月にはじめて発行された。
③ 個人向け国債が急速に人気になった理由の一つは、前回発行の1月より金利が下がったことにある。
④ ペイオフ解禁は財務省にとって、結果的に力強い味方となった。

五、ニュースを聞いて、正しい答えをそれぞれ①・②・③・④から選んで、〇をつけなさい。
1．ペイオフ解禁で急に人気が高くなった個人向け国債の先月の発行額は_____を突破した。
　① 2億円　　② 20兆円　　③ 2兆円　　④ 22億円
2．ペイオフ全面解禁によって安全性を求めた資金が_____大量に移った。
　① 国債から預金　　　　② 預金から国債
　③ 国債から会社予算　　④ 会社予算から国債
3．財務省の収入は結局_____に頼らなければならないのである。
　① 一般会社の予算　　② 個人の預金
　③ ペイオフの全面解禁　④ 個人向け国債

六、ニュースを聞きながら、次の文を完成しなさい。
① ペイオフ解禁の影響で急速に人気が高まっている個人向け国債の先月の発行額が、初めて2兆円の_____。
② 3月11日に発行された第10回の個人向け国債は2兆3374億円に_____。
③ 当初の金利が年0.73%と前回発行の1月を0.06%_____。
④ ペイオフ全面解禁で安全性を求めた資金が_____とみられます。
⑤ 82兆円を超える一般会計予算の収入の4割を国債に_____財務省にとってペイオフ解禁は結果的に力強い味方となりました。

 **聞いた後**

七、聞いたニュースのあらすじを日本語で話してみなさい。
_____
_____
_____
_____

第五課
GOLD

I ドラマのシーンの視聴

あらすじ

　早乙女悠里は都内に巨大なスポーツジムを所有し、エステまで経営するバリバリの「セレブ」である。独自の教育論で子どもたちを育てあげ、「オリンピックの金メダル」をとらせることを至上命題として生きる「究極の母親」である。

　オリンピックの金メダル獲得を目前に事故死した亡兄の悲願を果たすため、アスリートとしての能力の高いレスリングの金メダリストと結婚し、最高の遺伝子を持つ3人の子どもをもうけた後、即別居した。「セレブ」にしてメディアにももてはやされるカリスマ美容研究家だが、仕事がどんなに忙しくても「食事」と「掃除」だけは必ず自分で行う信念を持ち、子どもたちを心身ともに美しい「ビーチャイ」、つまりビューティフルチャイルドにすべく教育に力を注いだ。長男は水泳、次男は陸上、長女は高飛び込みでそれぞれロンドン五輪の候補選手にまで育て上げた…

A 教育問題バトル

 聞く前に

一、次の文の下線に入れるのに最も適当なものを①・②・③・④から一つ選んで、〇をつけなさい。

1．経済産業省は今のエネルギー、資源の存在を＿＿＿＿＿情勢を発表した。
　　① 取り組む　　② 取り巻く　　③ 取り引く　　④ 取り締まる

2．なんだ、＿＿＿＿＿よね。どうせ何の意味もないだろう。
　　① たくましい　② いさましい　③ くだらない　④ なさけない

3．この漫画＿＿＿＿＿なところがおもしろい。
　　① アナウンス　② ナンセンス　③ ニュアンス　④ バランス

二、次の漢字の読み方を書きなさい。
　　① 反抗期 [　　　　] ② 悪人 [　　　　] ③ 忍耐 [　　　　]
　　④ 手遅れ [　　　　] ⑤ 施す [　　　　] ⑥ 清潔 [　　　　]

三、次の質問について、あなたの考えや意見を日本語で自由に話してみなさい。
　　問：あなたが望む親子関係とはどんなものでしょうか。

単語リスト

さっそく ◎	【早速】	〈名・副詞・形動〉	马上，迅速
じまん ◎	【自慢】	〈名・他サ〉	骄傲，自满，自夸
とりまく ③◎	【取り巻く】	〈他五〉	围绕，捧场
ひきだす ③	【引き出す】	〈他五〉	引出，拉；提取
くだらない ◎		〈形〉	无用的，无聊的
たもつ ②	【保つ】	〈自他五〉	保持，维持，保存
うやまう ③	【敬う】	〈他五〉	尊重，尊敬
しゃくしじょうぎ ④	【杓子定規】	〈形動〉	墨守成规，死规矩
あまやかす ④◎	【甘やかす】	〈他五〉	娇惯，娇养
ナンセンス ①	【nonsense】	〈名・形動〉	胡说，荒谬
ぼうげん ◎	【暴言】	〈名〉	出言不逊，粗暴的话
ちのう ①	【知能】	〈名〉	智慧，智力
とけあう ③◎	【解け合う】	〈自五〉	融洽，融合；解除契约
むきだす ③	【剥き出す】	〈他五〉	露出，暴露无遗

| なげだす ◎③ | 【投げ出す】 | 〈他五〉 | 半途而废；豁出，抛出 |
| めぐまれる ◎④ | 【恵まれる】 | 〈自下一〉 | 被赋予，富有 |

 聞く

四、ドラマの対話を聞いて、内容に合っているものに〇、合っていないものに×をつけなさい。
　① 早乙女は教育評論家だから、子育てについてはよく知っている。
　② 現代社会において、親は子どもに友達のように接するべきであると館川が言っている。
　③ 一番大切なのが子供に優しさを覚えさせることだと早乙女は思っている。
　④ 早乙女の著書に書かれてある「ビーチャイ」とは「ビーチチャイルド」のことである。

五、ドラマを見ながらその対話を聞いて、正しい答えをそれぞれ①・②・③・④から選んで、〇をつけなさい。
1．早乙女と討論している館川は子供が覚えなくてはならない最も大切なものは何だと思いますか。
　① 忍耐　　　② 我慢強さ　　　③ 優しさ　　　④ 自立さ
2．教育に関して、館川の意見は次のどれですか。
　① 友達のような親子関係はくだらない
　② 昔が今より社会の環境が複雑になっている
　③ とにかく子どもに対して、親は厳しく教育をしなければならない
　④ 今の時代において、スパルタ教育はすでに時代遅れのものになっている
3．以下に早乙女が思っている子どもが身につけなければならない素養と違うものはどれですか。
　① 我慢強さ　　　　　② 中途半端
　③ 投げ出さない心　　④ 忍耐力

六、ドラマの対話を聞きながら、次の文を完成させなさい。
　① 親はそうした環境にある子供たちからよき＿＿＿＿＿＿＿＿＿＿＿＿＿厳しくというより友達のように接しなくてはいけないんですよ。
　② 狼が育てれば狼になる。＿＿＿＿＿＿＿＿＿＿＿＿＿＿＿＿でしょう。

③ スーパーのレジで＿＿＿＿＿＿＿＿＿＿＿＿＿＿＿＿＿＿＿＿人がいます。
④ 社会で＿＿＿＿＿＿＿＿＿＿＿＿＿＿＿＿＿＿＿＿＿＿＿は
私はあえてこの番組をご覧の親御さんを挑発しましょうか。

聞いた後

七、聞いた対話のあらすじを日本語で話してみなさい。
_____
_____
_____
_____

B 男女の友情

聞く前に

一、次の文の下線に入れるのに最も適当なものを①・②・③・④から一つ選んで、〇をつけなさい。

1. 仕事で落ち込んだ人を上手に＿＿＿＿＿のはなかなか難しいことだ。
 ① はげる　　② はげしい　　③ はげむ　　④ はげます
2. 貴方のような感じ方や感覚がにぶい人は＿＿＿＿＿な人と呼ぶのだ。
 ① 鈍感　　② 錯覚　　③ デリケート　　④ 無愛想
3. 仕事で上司にほめられたからといって、＿＿＿＿＿に乗るのはよくない。
 ① 相談　　② 調子　　③ 計略　　④ 口車

二、次の漢字の読み方を書きなさい。
① 片思い [   ]   ② 下心 [   ]   ③ 消去 [   ]
④ 価値観 [   ]   ⑤ 見事 [   ]   ⑥ 寝言 [   ]

三、次の質問について、あなたの考えや意見を日本語で自由に話してみなさい。
問：男と女に友情は作れると思いますか。

単語リスト

ちょうし ◎	【調子】	〈名〉	得意；劲头，状态
そうだん ◎	【相談】	〈名・他サ〉	商谈，商量
よなか ①◎	【夜中】	〈名〉	深夜，半夜
はげます ③	【励ます】	〈他五〉	鼓励，勉励；加剧
どんかん ◎	【鈍感】	〈名・形動〉	感觉迟钝，钝感
しゅうりょう ◎	【終了】	〈名・自他サ〉	结束，终结
つうじあう ④	【通じ合う】	〈自五〉	沟通，相互理解
ふれあう ③	【触れ合う】	〈自五〉	碰到一起，相通
さっかく ◎	【錯覚】	〈名・自サ〉	错觉，误会
しょうぶ ①	【勝負】	〈名・自サ〉	胜负，比赛
しょうきょ ①◎	【消去】	〈名・自他サ〉	删除，消失

 聞く

四、ドラマの対話を聞いて、内容に合っているものに〇、合っていないものに×をつけなさい。
① 早乙女の秘書は高校のとき、いつも丸山君の相談相手をしていた。
② 秘書と丸山君の間には単純に友情があるわけではないと早乙女は思っている。
③ 社長が脳科学的で証明された結果を真っ向から否定した。
④ 社長に説得されたから、秘書は丸山君の連絡先を携帯から消去した。

五、ドラマを見ながらその対話を聞いて、正しい答えをそれぞれ①・②・③・④から選んで、〇をつけなさい。

1．早乙女と秘書の話に出ている脳科学的に証明された結果は次のどれですか。
　　① 男性と女性の価値観が合うはずがない
　　② 恋愛中の男女ともが鈍感である
　　③ 男性と女性の間に友情を作ることはありえない
　　④ 男で男女に友情があると思う人間はいない

2．早乙女が思っている丸山君と秘書の関係はどんなものであったか。
　　① ただの同級生
　　② 秘書が丸山君のことを片思いをしていた
　　③ 丸山君が秘書のことを片思いをしていた
　　④ 先輩と後輩

3．早乙女が思う丸山君の下心はどんなものであるか。
　　① 早乙女の秘書が失恋した場合、自分と付き合ってほしい
　　② 乙女の秘書が先輩に振られてほしいと丸山君は思う
　　③ 丸山君は早乙女の秘書と価値観が合うようにしたい
　　④ 丸山君は早乙女の秘書と純粋な友情を作りたい

六、ドラマの対話を聞きながら、次の文を完成させなさい。
　　① 夜中とかでも私がメールするとすぐに返してくれたんです。＿＿＿＿＿＿＿＿＿＿＿＿＿＿＿＿＿＿＿＿してくれて。
　　② 自分の時間を割いて異性に付き合ってる場合、たいてい必ずどちらかが、＿＿＿＿＿＿＿＿＿＿＿＿＿＿＿＿＿なのよ。
　　③ あなたが先輩に＿＿＿＿＿＿＿＿＿＿＿＿＿＿＿＿＿なれないかっていう、姑息さも合ったでしょうからね。
　　④ あなたはもちろんありますなんて＿＿＿＿＿＿＿＿＿＿＿＿＿＿＿から否定したけれど…

 聞いた後

七、聞いた対話のあらすじを日本語で話してみなさい。

C 裏切り

 聞く前に

一、次の文の下線に入れるのに最も適当なものを①・②・③・④から一つ選んで、○を つけなさい。

1. ＿＿＿＿＿なものですから、間違ったことがありましたら、どうか勘弁していただきたいと思います。
   ① 不作　　　　② 不器用　　　　③ 不審　　　　④ 不思議
2. 戦災孤児の＿＿＿＿＿姿を思い出すたびに思わず悲しくなる。
   ① いさましい　② いちじるしい　③ いやらしい　④ いじらしい
3. 経済回復の＿＿＿＿＿が不透明であるため、株の下落は避けられない。
   ① 見下ろし　　② 見出し　　　　③ 見通し　　　　④ 見直し

二、次の漢字の読み方を書きなさい。
① 自負　[　　　]　② 要領 [　　　]　③ 出来心 [　　　]
④ 肌荒れ [　　　]　⑤ 賞味 [　　　]　⑥ 見通し [　　　]

三、次の質問について、あなたの考えや意見を日本語で自由に話してみなさい。
問：人を裏切ったこと、あるいは人に裏切られたことがありますか、どんなことですか。

単語リスト

じふ ①	【自負】	<名・自他サ>	自负，自大，自傲
ぶきよう ②	【不器用】	<名・形動>	不灵巧，笨拙
いじらしい ④		<形>	可怜的，可爱的
ひらきなおる ⑤	【開き直る】	<自五>	突然一本正经
つなぐ ◎	【繋ぐ】	<他五>	系，连接，接起来
うらぎる ③	【裏切る】	<他五>	背叛，辜负
みとおし ◎	【見通し】	<名>	看穿；眺望；预期
できごころ ③	【出来心】	<名>	犯恶心；偶发的恶念
しょうみきげん ⑤④	【賞味期限】	<名>	保质期限
くさる ②	【腐る】	<自五>	腐烂，腐朽，消沉，灰心
ぴかぴか ◎		<副・形動>	闪闪，光亮；簇新

 聞く

四、ドラマの対話を聞いて、内容に合っているものに〇、合っていないものに×をつけなさい。
① 早乙女は日ごろ社長の健康状態をよく気遣ってくれた秘書をほめた。
② 早乙女は秘書の相談の目的をとっくにわかっている。
③ 嫉妬しているから、秘書は相談電話の相手の名前を聞き出したいのだ。
④ 社長を裏切ったため、秘書はひどくしかられた。

五、ドラマを見ながらその対話を聞いて、正しい答えをそれぞれ①・②・③・④から選んで、〇をつけなさい。
1．秘書は何を自負していますか。
　① 人を思う気持ちがあること

② 秘書として未熟であること
③ 誰よりも社長のことを気遣っていること
④ 社長の秘書をしていること
2．なぜ社長は秘書の相談を受けたくないですか。
① 見ず知らずの電話のおばさんの相談があるから
② 秘書と手を繋いでトイレに行きたくないから
③ 秘書と仲良くしたくないから
④ 秘書の相談は大したことではないから
3．秘書が言う「何気に」とはどんな気持ちですか。
① 思わず　　　　② 何事もなく
③ 知らないうちに　④ なんとなく

六、ドラマの対話を聞きながら、次の文を完成させなさい。
① そこら辺が私少し不器用で。でも、そういう要領の悪いとこが＿＿＿＿＿＿＿＿＿＿＿＿＿＿＿＿＿＿＿＿＿＿とは思いませんか。
② そういう女子校的仲良しではなくて、要するに＿＿＿＿＿＿＿＿＿んです。
③ 女の心は冷蔵庫なのよ。男の頼みを何でもかんでも聞いていたら＿＿＿＿＿＿＿＿＿＿＿＿＿＿＿＿＿＿＿＿いくのよ。
④ メモよ、その＿＿＿＿＿＿＿＿＿＿＿＿＿＿＿＿＿＿＿＿＿＿＿＿＿＿口に入れて食べなさい。

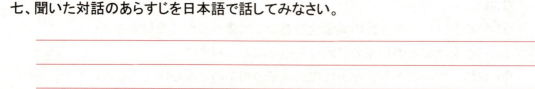 聞いた後

七、聞いた対話のあらすじを日本語で話してみなさい。

＿＿＿＿＿＿＿＿＿＿＿＿＿＿＿＿＿＿＿＿＿＿＿＿＿＿＿＿＿＿＿＿
＿＿＿＿＿＿＿＿＿＿＿＿＿＿＿＿＿＿＿＿＿＿＿＿＿＿＿＿＿＿＿＿
＿＿＿＿＿＿＿＿＿＿＿＿＿＿＿＿＿＿＿＿＿＿＿＿＿＿＿＿＿＿＿＿
＿＿＿＿＿＿＿＿＿＿＿＿＿＿＿＿＿＿＿＿＿＿＿＿＿＿＿＿＿＿＿＿

Ⅱ ニュースの視聴

 聞く前に

一、次の文の下線に入れるのに最も適当なものを①・②・③・④から一つ選んで、○をつけなさい。

1．あの女性歌手のオフィシャルサイト＿＿＿＿、来月から予定された世界ツアーは無期限中止になった。
　　① にとって　　② について　　③ に対して　　④ によると

2．お客様のご意見、ご要望＿＿＿＿、サービスの向上や業務改善をはかっています。
　　① をもとまで　② をもとで　　③ をもとに　　④ をもとから

3．中学校の時に顔のことで同級生の言葉に＿＿＿＿、その後の人生にもときどき暗い影を落とし、つらい思いをした。
　　① 傷つく　　　② 傷つけられ　③ 傷つき　　　④ 傷つけ

二、次の漢字の読み方を書きなさい。
　　① 詐欺　［　　　］　② 逮捕　［　　　］　③ 金融　［　　　］
　　④ 疑い　［　　　］　⑤ 起訴　［　　　］　⑥ 真似　［　　　］

三、次の質問について、あなたの考えや意見を日本語で自由に話してみなさい。

問：あなたはいわゆる「詐欺電話」をもらったことがあるか。騙されないようにどんな自己防衛策が必要なのか。

単語リスト

さぎ ①	【詐欺】	〈名・サ変〉	欺骗，诈骗，欺诈
たいほ ①	【逮捕】	〈名・サ変〉	逮捕
いわゆる ③②	【所謂】	〈名〉	所谓的，所说的
やみきんゆう ③	【ヤミ金融】	〈名〉	黑市贷款
うたがい ◎	【疑い】	〈名〉	嫌疑，怀疑
きそ ①	【起訴】	〈名・サ変〉	起诉
ようぎしゃ ③	【容疑者】	〈名〉	嫌疑犯
けとばす ◎③	【蹴飛ばす】	〈他五〉	踢，踢开，踢飞
きずつく ③	【傷つく】	〈他五〉	受伤
ふりこむ ③	【振り込む】	〈他五〉	汇款
だましとる ④	【騙し取る】	〈他五〉	骗取
まね ◎	【真似】	〈名〉	模仿，学样
もうかる ③	【儲かる】	〈他五〉	赚钱
きょうじゅつ ◎	【供述】	〈名・サ変〉	供述，口供

 聞く

四、ニュースの内容に合っているものに〇、合っていないものに×をつけなさい。

① オレオレ詐欺で17歳の少女と同じ詐欺グループのほかの3人が逮捕された。
② 逮捕された4人のうち、2人は別の詐欺事件ですでに逮捕され、起訴された。
③ 容疑者は中学校の卒業アルバムをもとに、自分の同級生に電話をかけ、50万円をだまし取った疑いで逮捕された。
④ いわゆる「オレオレ詐欺」というのは電話を使って人からお金をだまし取る犯行である。

五、ニュースを聞いて、正しい答えをそれぞれ①・②・③・④から選んで、○をつけなさい。

1．今回17歳の少女と一緒に逮捕されたのは＿＿＿＿＿歳の元鉄筋工の少年である。
　　① 19　　　　　② 18　　　　　③ 17　　　　　④ 16

2．容疑者たちは千葉県のある主婦に電話して、＿＿＿＿＿を理由に50万円をだまし取った。
　　① 交通事故で人を傷つけたので、医療費を支払わなければならないこと
　　② 交通事故で娘がけがをしたので、医療費を支払わなければならないこと
　　③ 交通事故で人の車を壊したので、修理代を支払わなければならないこと
　　④ 交通事故で自分の車が壊れたので、修理代を支払わなければならないこと

3．千葉県のある主婦への電話で、17歳の少女は＿＿＿＿＿として、詐欺行為を実行したのであった。
　　① 母親役　　　② 同級生役　　　③ 親友役　　　④ 娘役

六、ニュースを聞きながら、次の文を完成しなさい。
　① いわゆる「オレオレ詐欺」で、17歳の少女を含む4人が逮捕されました。逮捕された4人は＿＿＿＿＿＿＿＿＿＿＿＿＿＿＿＿＿＿＿＿でした。
　② ＿＿＿＿＿＿＿＿＿＿＿＿＿＿＿＿＿＿＿＿、荒木容疑者らは自分の中学校の卒業アルバムをもとに電話番号を入手したのであった。
　③ 去年9月、千葉県柏市に住む52歳の主婦に電話をかけ、嘘を言い、現金50万円を指定の口座に振り込ませ、＿＿＿＿＿＿＿＿＿＿＿＿＿＿＿＿＿＿＿。
　④ 電話の際、少女は「娘役」として、＿＿＿＿＿＿＿＿＿＿＿＿＿＿「ご免なさい、払って」と言ってだましていました。
　⑤ 調べに対し、容疑者は「ヤミ金で儲からなくなったので、『オレオレ詐欺』を始めた」と、＿＿＿＿＿＿＿＿＿＿＿＿＿＿＿＿＿ということです。

聞いた後

七、聞いたニュースのあらすじを日本語で話してみなさい。

第六課
家売るオンナ

I ドラマのシーンの視聴

あらすじ

　売り上げが伸び悩む「テーコー不動産」新宿営業所売買仲介営業課に、天才的不動産屋、三軒屋万智がチーフとして異動してきた。社員の庭野は、自宅購入を希望するフリージャーナリストの独身女性・日向詩文を担当。一方、万智は、出版社の校閲部で働く地味な独身OL・草壁歩子を担当する。その後、同じ部屋を内見した詩文も買いたいと言い出すが、一足違いで歩子が契約してしまう。しかも2人は同じ会社に務めており、犬猿の仲だと発覚。タイプの違う独身女2人が同じ部屋を巡って対立する。万智に仕切られっぱなしの庭野は、万智に勝ちたいと立ち上がり、詩文と歩子2人に自分が家を売ろうと決意するが…。果たして、独身女の家探しに出口は見えるのか!?

A 営業所の朝

 聞く前に

一、次の文の下線に入れるのに最も適当なものを①・②・③・④から一つ選んで、○をつけなさい。

1．新しい上司は皆の意見を聞かず反発を＿＿＿＿＿。
　① 受けた　　　② 食った　　　③ 買った　　　④ 浴びた

2．彼が熱心な声で、名探偵ホームズにこの謎に＿＿＿＿＿事件の推理に進展があったかどうか尋ねるのを聞いたときは驚かされた。
　① 包まれた　　② 満ちた　　　③ めいた　　　④ かかった

3．男：最近、売上が減少してきています。売上を＿＿＿＿＿方策を考えたいのですが、何に着目して考えればいいでしょうか？
　女：既存顧客、新規顧客、商品単価の3点に着目して考えましょう。
　① あげる　　　② 貢献する　　③ 増やす　　　④ 伸ばす

二、次の漢字の読み方を書きなさい。
　① 平凡 [　　　]　② 家賃 [　　　]　③ 偏僻 [　　　]
　④ 惨殺 [　　　]　⑤ 激安 [　　　]　⑥ 不動産 [　　　]

三、次の質問について、あなたの考えや意見を日本語で自由に話してみなさい。
　問：あなたにとって理想な住宅環境はどんなものですか。

単語リスト

いどう ◎	【異動】	〈名・自サ〉	（职务、工作地点等）变动
いっぺん ◎	【一変】	〈名・自サ〉	大变；突然改变；完全改变
ホームレス ①	【homeless】	〈名〉	无家者；游民
どうき ◎	【動悸】	〈名〉	心悸，心跳加快，心律不齐
どうき ①	【同期】	〈名〉	同期；同年（级）；同步
だんとつ ◎	【断トツ】	〈俗〉	（「断然トップ」略語）绝对领先
おいぬく ③	【追い抜く】	〈他五〉	赶上并领先；胜过，后来居上
めざわり ②	【目障り】	〈名・形動〉	碍眼，影响视线；刺眼，不顺眼
バリバリ ①◎		〈副〉	麻利地处理事务状
サンドイッチマン ⑥	【sandwich man】	〈名〉	街头广告员

聞く

四、ドラマの対話を聞いて、内容に合っているものに〇、合っていないものに×をつけなさい。
① 課長は今までは断トツトップだった。
② 白洲美加という社員が売上げゼロの月の新記録を作ってしまった。
③ 三軒屋チーフは自分の売上げを白洲美加に回そうと思っている。
④ 課長の話によると、以前、三軒屋チーフは白洲美加をサンドイッチマンにさせたことがある。

五、ドラマを見ながらその対話を聞いて、正しい答えをそれぞれ①・②・③・④から選んで、〇をつけなさい。
1．三軒屋チーフのイメージに相応しくないのは下記のどれですか。
　① 美しい　　　　　　　　② 人柄がいい
　② 恐ろしい　　　　　　　④ 謎に満ちた存在
2．課長が今度の人事について心配している主な原因は何ですか。
　① 営業成績第2位　　　　② 同期に追い抜かれてしまった
　③ 偏僻な営業所に飛ばされる　④ 白洲美加の売上げゼロの記録
3．三軒屋チーフが白洲美加に対してどんなことをしようとしているのですか。
　① 自分の売上げを渡す　　② 会社からやめさせる
　③ 部下としてバリバリ鍛える　④ サンドイッチマンにさせる

六、ドラマの対話を聞きながら、次の文を完成させなさい。
① テーコー不動産新宿営業所にこの人が異動してきてから、自分の_____ _____。
② 夢のように美しく、_____三軒屋チーフは他の社員から浮いていた。というか反発を買っていた。謎に満ちた存在だった。
③ なぜか、一家8人惨殺事件の遭った家を_____、昔はホームレスだったこともあるという三軒屋チーフは謎に満ちた存在だった。
④ 問題は白洲美加ですよ。あいつ、売上げゼロの_____！白洲があのままじゃ、僕も終わりです。
⑤ 前に三軒屋チーフ言ってたじゃないの。「私は_____、でも、目障りなヤツがいたらバリバリ鍛えて、目障りじゃない社員にする」って。それもっとやってやってやってよ。白洲に白洲美加に白洲に。

 聞いた後

七、聞いた対話のあらすじを日本語で話してみなさい。
_____
_____
_____

B 独身女の家探し

 聞く前に

一、次の文の下線に入れるのに最も適当なものを①・②・③・④から一つ選んで、○をつけなさい。

1．夏休みの間、私実家に帰ってきた。毎日田舎の生活を暮らしていて、気持が_____となりました。
　　① ぶらぶら　　② すくすく　　③ のびのび　　④ のろのろ

2．人相があまりよくないからといって、悪い人と_____はいけません。
　　① 決め込んで　　② 決めつけて　　③ 植え付けて　　④ こじつけて

3．仕事が非常に忙しい_____、彼は毎日時間どおりに彼女に電話をする。
　　① によらず　　② にかまわず　　③ にかかわらず　　④ にもかかわらず

二、次の漢字の読み方を書きなさい。
① 校閲 [　　　] ② 著者 [　　　] ③ 完璧 [　　　]
④ 貯金 [　　　] ⑤ 概算 [　　　] ⑥ 中途半端 [　　　]

三、次の質問について、あなたの考えや意見を日本語で自由に話してみなさい。
問：結婚の条件として、男性側にマンションを買うことが義務付けられている。そのことに対してはどう思いますか。

単語リスト

ゴール ①	【goal】	〈名・他サ〉	决胜点；终点；射门得分
チラシ ◎	【散らし】	〈名〉	传单，广告单，宣传品
アリ ◎	【蟻】	〈名〉	蚁，膜翅目蚁科昆虫的总称
ぶっけん ◎	【物件】	〈名〉	物件，动产或不动产
しょくぎょうがら ◎	【職業柄】	〈名〉	工作性质
あたまきん ◎	【頭金】	〈名〉	首付；定金
きんり ◎①	【金利】	〈名〉	利息，利率
へんさい ◎	【返済】	〈名・他サ〉	偿还，还债
じべた ①	【地べた】	〈名〉	地面
ことばがり ◎	【言葉狩り】	〈名〉	拘泥于语言、词汇的选用
あじけない ④	【味気ない】	〈形〉	乏味，没意思

 聞く

四、ドラマの対話を聞いて、内容に合っているものに○、合っていないものに×をつけなさい。
① 草壁さんはもう希望の物件を決めた。
② 草壁さんはアリが地べたのものだと思うので、嫌いです。
③ 言葉狩りの草壁さんは真面目に仕事をしているので皆に愛されています。
④ 三軒屋チーフが独身の男女は中途半端な人間だと思います。

五、ドラマを見ながらその対話を聞いて、正しい答えをそれぞれ①・②・③・④から選んで、〇をつけなさい。

1．草壁さんは何故マンションのチラシにグッときましたか。
   ① このマンションはめずらしいからです
   ② このマンションはとても買い得だからです
   ③ 結婚のために家を急いで買いたいからです
   ④ 文字ばかりのチラシには間違いがないからです

2．草壁さんはどういう計画でこのマンションを買いますか。
   ① 頭金 2100 万、月 7 万のご返済で 35 年
   ② 頭金 2100 万、月 5 万のご返済で 35 年
   ③ 頭金 4100 万、月 5 万のご返済で 25 年
   ④ 頭金 4100 万、月 7 万のご返済で 35 年

3．草壁さんが家を買ってからする可能性があることは次のどれですか。
   ① 編集部のある著者と結婚する
   ② 校閲の仕事を辞めて自由に暮らす
   ③ 蟻を駆除すること
   ④ 壁紙を張り替える

六、ドラマの対話を聞きながら、次の文を完成させなさい。
   ① 男女ともに結婚しない人が増えているにもかかわらず、＿＿＿＿＿＿＿＿に向かう途中の中途半端な人間と決め付けるのはおかしいです。
   ② ご自分のために＿＿＿＿＿＿＿＿ことは素晴らしいし、かっこいいです。
   ③ このチラシ、素晴らしいです。こんなにたくさん文字があるのに、間違いがない。職業柄すぐに＿＿＿＿＿＿＿＿＿＿んですけど。これは完璧です。
   ④ だから、そのお金で買った家では、伸び伸び自由に暮らしたいんです。この味気ない白い壁紙も＿＿＿＿＿＿＿＿＿＿＿＿な。

 聞いた後

七、聞いた対話のあらすじを日本語で話してみなさい。

C 家を買おう

 聞く前に

一、次の文の下線に入れるのに最も適当なものを①・②・③・④から一つ選んで、○をつけなさい。

1．その学生はいつも授業をサボっているため、漢字は勿論、ひながら＿＿＿＿＿書けないんですよ。
　　① だけ　　② しか　　③ さえ　　④ まで

2．マンションの敷地内には野良猫がいっぱいあり、あこらこちら見かけ、＿＿＿＿＿猫のパラダイスです。
　　① まもなく　　② もうすぐ　　③ あわや　　④ まさに

3．恋愛とは相手を＿＿＿＿＿ことです。また＿＿＿＿＿しまうことでもあります。つまり、意識して考えるのではなく、「自然と頭の中に出てくる」この状態が恋愛ということです。
　　① 気にかける、気にかけて
　　② 気にする、気にして
　　③ 気になる、気になって
　　④ 気に入る、気に入って

二、次の漢字の読み方を書きなさい。
　　① 餌　[　　　]　② 貯蔵　[　　　]　③ 勤勉　[　　　]
　　④ 美徳　[　　　]　⑤ 書籍　[　　　]　⑥ 後書き[　　　]

三、次の質問について、あなたの考えや意見を日本語で自由に話してみなさい。

問：活字離れということについて、どう思いますか。

単語リスト

しばし ①	【暫し】	〈副〉	暫时，片刻，不久，一小会儿
キリギリス ③	【蟋蟀・螽斯】	〈名〉	蟋蟀
うえる ②	【飢える】	〈自一〉	饿，饥饿；渴望，渴求
コツコツ ④		〈副〉	踏实，孜孜不倦，埋头工作
たくわえる ④③	【貯える】	〈他一〉	贮藏，储备，积蓄；积累；蓄胡子
じみち ◎	【地道】	〈名・形動〉	踏实，稳健；质朴
ちょしゃ ①	【著者】	〈名〉	作者，著者，著书的人
スポットライト ⑤	【spotlight】	〈名〉	聚光灯；焦点
あとがき ◎	【後書き】	〈名〉	后记；（书信的）附笔
ほこり ◎	【誇り】	〈名〉	骄傲，荣誉，自豪

 聞く

四、ドラマを見ながらその対話を聞いて、内容に合っているものに○、合っていないものに×をつけなさい。

① 三軒屋チーフ自身は『アリとキリギリス』の話が知らないです。
② 『アリとキリギリス』の話の中で、キリギリスが餌を貯めてないから飢えました。
③ 真面目に働いてる草壁さんはまさにアリのようです。
④ コツコツ貯金をつくることは日本人の美徳です。

五、ドラマを見ながらその対話を聞いて、正しい答えをそれぞれ①・②・③・④から選んで、○をつけなさい。

1. この話をしている場所はどこにありますか。
   ① 不動産屋会社　② 編集部　③ 校閲部　④ 図書館
2. 校閲はどんな仕事ですか。
   ① 地道な仕事です
   ② コツコツ働くアリと一緒にする仕事です
   ③ スポットライトの当たる仕事です
   ④ 書籍の後書で著者にお礼を言う仕事です

3．三軒屋チーフはどうして『アリとキリギリス』の話をしますか。
　① 書籍を愛している読者なのです
　② 書籍の著者にお礼を言いたいからです
　③ 掛け替えのない校閲部の仕事をやりたいからです
　④ アリのように働く草壁さんは自分の勤勉さを誇りに思うべきからです

六、ドラマの対話を聞きながら、次の文を完成させなさい。
　① アリは毎日コツコツ働いて、冬になる前に＿＿＿＿＿＿＿＿＿＿＿＿＿。
　② 皆様のおかげで日本語は未だ死なず、＿＿＿＿＿＿＿＿＿＿＿＿＿られています。
　③ 皆様はそんなことは気にもかけず、コツコツと＿＿＿＿＿＿＿＿＿＿おられます！
　④ 感動します！頭が下がります！今こそご自分の＿＿＿＿＿＿＿＿＿＿時です！

 聞いた後

七、聞いた対話のあらすじを日本語で話してみなさい。
　＿＿＿＿＿＿＿＿＿＿＿＿＿＿＿＿＿＿＿＿＿＿＿＿＿＿＿＿＿＿＿＿
　＿＿＿＿＿＿＿＿＿＿＿＿＿＿＿＿＿＿＿＿＿＿＿＿＿＿＿＿＿＿＿＿
　＿＿＿＿＿＿＿＿＿＿＿＿＿＿＿＿＿＿＿＿＿＿＿＿＿＿＿＿＿＿＿＿
　＿＿＿＿＿＿＿＿＿＿＿＿＿＿＿＿＿＿＿＿＿＿＿＿＿＿＿＿＿＿＿＿

Ⅱ ニュースの視聴

 聞く前に

一、次の文の下線に入れるのに最も適当なものを①・②・③・④から一つ選んで、〇をつけなさい。

1．あの子は、父を失った悲しみを＿＿＿＿＿、明るく生きている。
　　① 乗り出して　　② 乗り切って　　③ 乗り越えて　　④ 掘り出して

2．はやばや活動でも情報展開させていただいていますが、市場＿＿＿＿＿でエラーが発生しています。
　　① 打ち合わせ　　② 打ち切っ　　③ 打上げ　　④ 立ち上げ

3．地方には仕事がなくなり、都会に失業者が＿＿＿＿＿。そして犯罪が増えて都会も荒れてゆく。
　　① 流れ歩く　　② 流れ込む　　③ 流れ着く　　④ 流れ出す

4．街は＿＿＿＿＿老朽化し、修復しても次から次に壊れていく。
　　① ますます　　② どんどん　　③ たんたん　　④ じょじょに

二、次の漢字の読み方を書きなさい。
　① 漁業［　　　］　② 田圃［　　　］　③ 氾濫［　　　］
　④ 撤去［　　　］　⑤ 収穫［　　　］　⑥ 住宅地［　　　］

三、次の質問について、あなたの考えや意見を日本語で自由に話してみなさい。
　問：自然災害に備え、あなたは日頃どんな準備をしていますか。

単語リスト

つめあと ◎	【爪痕】	〈名〉	抓痕，指甲印；遭受災害的痕跡
ていぼう ◎	【堤防】	〈名・自サ〉	堤防
はたけ ◎	【畑】	〈名〉	旱地，耕地；専業領域；出生地
じょうりく ◎	【上陸】	〈名・自サ〉	上陸，登陸
かりゅう ◎	【下流】	〈名〉	下游，下流；社会的低階層
ひがい ①	【被害】	〈名・他サ〉	被害，受害
らっか ◎	【落下】	〈名・自サ〉	落下，掉下来
ほうこ ①	【宝庫】	〈名〉	宝庫；資源豊富的地方
けっかい ◎	【決壊】	〈名・自サ〉	潰決，決口
すいでん ◎	【水田】	〈名〉	水田，稲田

りゅうぼく ◎	【流木】	〈名〉	漂流木
さんらん ◎	【散乱】	〈名・自サ〉	凌乱，分散；（物）散射現象
すいぼつ ◎	【水没】	〈名・自サ〉	淹没
かんすい ◎	【冠水】	〈名・自サ〉	水淹，水没
みとおし ◎	【見通し】	〈名〉	通视，视野；洞察，看透；预测
カキ ①	【牡蠣】	〈名〉	牡蛎，蚝，牡蛎科两扇贝的总称
ビニールハウス⑤	【vinyl house】	〈名〉	塑料薄膜温室，塑料大棚
ジャガイモ ◎	【—薯】	〈名〉	马铃薯，土豆，洋芋
タマネギ ◎	【玉葱】	〈名〉	洋葱，葱头
ニンジン ◎	【人参】	〈名〉	胡萝卜；朝鲜参

 聞く

四、ニュースの内容に有っているものに〇、合っていないものに×をつけなさい。
① 相次ぐ台風は日本列島の農業と漁業に深刻な影響をもたらしました。
② 福島県・いわき市では、高波によってガキの養殖は被害が出てしまいました。
③ 8月の観測史上最大となる、瞬間最大風速を記録した北海道では、およそ5トン分のリンゴが落下。
④ 北海道・北見市のタマネギ農家は甚大な被害を受けたが、畑の再生について自信があります。

五、ニュースを聞いて、正しい答えをそれぞれ①・②・③・④から選んで、〇をつけなさい。
1. 相次ぐ台風は「秋の味覚」に深刻な影響をもたらしました。影響が出ていないのは次のどれですか。
   ① 東北地方のミカン
   ② 宮城・石巻市のカキ
   ③ 福島県・いわき市のナシ
   ④ 北海道のタマネギ
2. 今年北海道に上陸した台風の正しい情報は次のどれですか。
   ① 6日前に、台風11号が上陸
   ② 6日前に、台風9号が上陸
   ③ 2日前に、台風11号が上陸
   ④ 2日前に、台風9号が上陸

3．農産物の宝庫と言われる北海道の被害状況はどうですか？
① 被害額は100万円以上にのぼるとみられます
② 水田に流木が散乱していて、更に、ビニールハウスが潰れてしまいます
③ ジャガイモのおよそ8割、タマネギのおよそ6割、ニンジンのおよそ3割は影響を受けそうです
④ 北見市のタマネギ農家には、およそ14ヘクタールのタマネギ畑がほぼ全て水没です

六、ニュースを聞きながら、次の分を完成しなさい。
① まさにここで今水がどんどんと＿＿＿＿＿＿＿＿＿＿、住宅地或は田圃、それから＿＿＿＿＿＿＿＿＿＿、家がこのように孤立してしまっている事件が、この辺り何件も見られます。
② さらに、通り道だった東北地方でも、「秋の味覚」に＿＿＿＿＿＿＿＿＿＿。
③ 今回、高波によって、＿＿＿＿＿＿＿＿＿＿被害が出てしまいました。
④ 台風7号の被害額だけで、最大＿＿＿＿＿＿＿＿＿＿だということです。

 聞いた後

七、聞いたニュースのあらすじを日本語で話してみなさい。

第七課
絶対彼氏

I ドラマのシーンの視聴

あらすじ

　失恋し、落ち込んでいた井沢梨衣子は偶然を装い近づいて来た並切岳に、理想の彼氏を無料で紹介すると声をかけられ契約書にサインをする。

　ある朝、梨衣子の元へ裸の美青年ロボット・ナイトが届けられた。それが岳と契約を交わした、クロノスヘブン社の5日間無料お試し期間の"理想の彼氏型ロボット"であることを知った梨衣子は、戸惑いながらも5日間だけと自分に言い聞かせ同棲生活を始める。最初はナイトに全く心を開かなかった梨衣子だが、次第に心を開いていく。ナイトも、ロボットにしては有り得ない、「自我」が芽生え始める。

　一方、梨衣子は上司で女たらしの御曹司、浅元創志が実は人に心から喜ばれるお菓子を作ろうと頑張っていることを知り、お菓子作りに協力する内にだんだん創志のことが気になり始める。創志も、素直で一生懸命な梨衣子に心を惹かれる。

A はじめまして

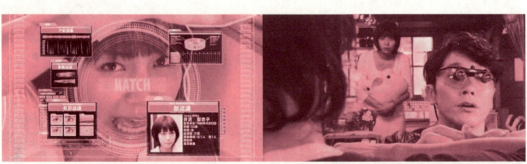

 聞く前に

一、次の文の下線に入れるのに最も適当なものを①・②・③・④から一つ選んで、○をつけなさい。

1．やれることは全部やった。後は＿＿＿＿＿祈るのみだ。
　　① ただ　　　② たった　　　③ まだ　　　④ いわば。

2．給料は、基本給の他に、能力に＿＿＿＿＿いくらかプラスされます。
　　① 関して　　② めぐって　　③ 応じて　　④ つき

3．指を切っただけで、「死ぬかと思った」＿＿＿＿＿、大げさすぎるよ。
　　① なんか　　② なんと　　　③ なんで　　④ なんて

二、次の漢字の読み方を書きなさい。
　　① 初期　［　　　］　② 搭載　［　　　］　③ 同棲　［　　　］
　　④ 勘違い［　　　］　⑤ 他言　［　　　］　⑥ 内密　［　　　］

三、次の質問について、あなたの考えや意見を日本語で自由に話してみなさい。
　　問：まったく人間と同じようなロボットが造られうると思いますか。

単語リスト

しょき ①	【初期】	〈名〉	初期
メンテナンス ①	【maintenance】	〈名〉	维持，维护
じゅうでん ◎	【充電】	〈名・自他サ〉	充电
とうさい ◎	【搭載】	〈名・他サ〉	载（人）；装载
どうせい ◎	【同棲】	〈名・自サ〉	住在一起；同居
かんちがい ③	【勘違い】	〈名・自サ〉	错认；判断错误
たごん ◎	【他言】	〈名・他サ〉	对别人说；泄漏
ないみつ ◎	【内密】	〈名・形动〉	保密

聞く

四、ドラマを見ながらその対話を聞いて、内容に合っているものに〇、合っていないものに×をつけなさい。
　① 裸の男の人はロボットである。
　② ユーザーは毎日そのロボットを充電しないといけない。
　③ 女の子が住んでいるアパートは同棲禁止となっている。
　④ 女の子はロボットを買ったと同時に、洗濯機も買った。

五、ドラマを見ながらその対話を聞いて、正しい答えをそれぞれ①・②・③・④から選んで、〇をつけなさい。
１．並切という人は何で来たのか。
　① 代金を回収するために
　② 製品を届けるために
　③ メンテナンスのために
　④ ロボットを修理するために
２．無料お試し期間はどのぐらいあるか。
　① 一週間　　② 5日間　　③ 1ヶ月　　④ 1時間
３．並切さんはどんな場合に違約金が発生するかと言ったか。
　① 秘密を漏らす場合
　② ロボットを返品する場合
　③ 製品を壊した場合
　④ 商品の代金を払えない場合

六、ドラマの対話を聞きながら、次の文を完成させなさい。
　① クロノスヘヴン社の並切ですが、初期＿＿＿＿＿＿＿にお伺いしました。
　② 自家発電による＿＿＿＿＿＿＿を搭載してるんで、電気代は掛からないよ。
　③ 見た目が人間らしいので、勘違いされる気持ちも分かりますが、ただの＿＿＿＿＿＿＿＿＿＿＿＿＿＿＿＿＿＿＿＿＿＿＿＿＿＿です。
　④ 他言されますと、違約金が発生しますので、＿＿＿＿＿＿＿ご内密に。

 聞いた後

七、聞いた対話のあらすじを日本語で話してみなさい。

B あの野郎

 聞く前に

一、次の文の下線に入れるのに最も適当なものを①・②・③・④から一つ選んで、〇をつけなさい。

1．テスト_____なくなってしまえばいい、とよく思う。
　　① さえ　　　② こそ　　　③ くらい　　④ なんか。
2．「昨日のパーティー、どうして途中で帰っちゃったの。」
　　「だって、退屈だったんだ_____。」
　　① ので　　　② こと　　　③ わよ　　　④ もの
3．彼_____をいろいろ悪く言う人もいるが、それは無責任なうわさにすぎない。
　　① の　　　　② のこと　　③ のもの　　④ のところ

二、次の漢字の読み方を書きなさい。
① 眼差し [   ]   ② 勘弁 [   ]   ③ 味方 [   ]
④ 出力 [   ]   ⑤ 一途 [   ]   ⑥ 純粋 [   ]

三、次の質問について、あなたの考えや意見を日本語で自由に話してみなさい。
問：今まで人と喧嘩したことがありますか。

単語リスト

シュークリーム ④	【法.chou à la crème】	〈名〉	奶油馅点心
はけん ◎	【派遣】	〈名・他サ〉	派遣，派出
まなざし ◎	【眼差し】	〈名〉	目光，眼神
かんべん ①	【勘弁】	〈名・他サ〉	原谅，饶，饶恕
いちず ②	【一途】	〈名・形動〉	专心；死心眼
しゅつりょく ②	【出力】	〈名〉	输出，输出功率
じゅんすい ◎	【純粋】	〈名・形動〉	纯粹；纯真

 聞く

四、ドラマを見ながらその対話を聞いて、内容に合っているものに〇、合っていないものに×をつけなさい。
① 石関さんはもらったシュークリームが好きだ。
② そのシュークリームは井沢さんが自分で作ったのだ。
③ 石沢さんは自分のことをばかだと思っていた。
④ 石沢さんが初恋に落ちたのは大学に入った後だ。

五、ドラマを見ながらその対話を聞いて、正しい答えをそれぞれ①・②・③・④から選んで、〇をつけなさい。
1．石関さんは何でシュークリームを同僚にあげようとしたのか。
① 食べたくないから。
② おいしくないから。
③ 石沢さんが好きではないから。
④ もうお腹がいっぱいだから。

2．石関さんはなぜ石沢さんが好きではないのか。
    ① 太っているから。
    ② いつも後についているから。
    ③ 口がうるさいから。
    ④ 彼女のことを堅苦しく思っているから。
3．石沢さんはなぜ自分は学習能力がないと言ったのか。
    ① 専門知識をいくら勉強しても身につけられないから。
    ② よく性格が重いといわれたが、ぜんぜん変わらないから。
    ③ よく体が太いといわれたが、ダイエットしようとしないから。
    ④ いくら頑張っても、業績があがらないから。

六、ドラマの対話を聞きながら、次の文を完成させなさい。
    ① 手作りなんか、＿＿＿＿＿＿＿＿＿＿＿＿＿＿て食えねえよ。
    ② 何で、俺が、こんな＿＿＿＿＿＿＿＿＿女に謝らなきゃいけねえんだよ。
    ③ 俺は梨衣子のそういう＿＿＿＿＿＿＿＿＿ところ大好きだよ。
    ④ だけど俺はどんな時だって梨衣子の＿＿＿＿＿＿＿＿＿だよ。

 聞いた後

七、聞いた対話のあらすじを日本語で話してみなさい。
＿＿＿＿＿＿＿＿＿＿＿＿＿＿＿＿＿＿＿＿＿＿＿＿＿＿＿＿＿＿
＿＿＿＿＿＿＿＿＿＿＿＿＿＿＿＿＿＿＿＿＿＿＿＿＿＿＿＿＿＿
＿＿＿＿＿＿＿＿＿＿＿＿＿＿＿＿＿＿＿＿＿＿＿＿＿＿＿＿＿＿
＿＿＿＿＿＿＿＿＿＿＿＿＿＿＿＿＿＿＿＿＿＿＿＿＿＿＿＿＿＿

C ロボットの再起動

 **聞く前に**

一、次の文の下線に入れるのに最も適当なものを①・②・③・④から一つ選んで、〇をつけなさい。

1. 若い女性は化粧するより＿＿＿＿何もしないほうが美しいと思う。
   ① のこらず　　② かなり　　③ むしろ　　④ いずれ
2. 若い人がたくさん駅にいるわけだよ。＿＿＿＿の待ち合わせか。
   ① シャッター　　② データ　　③ カートン　　④ デート
3. 借金をすべて返済でき、気持ちが＿＿＿＿。
   ① せいせいした　　② ふらふらした
   ③ ぐんぐんした　　④ ぜいぜいした

二、次の漢字の読み方を書きなさい。
　　① 厳守 [　　　]　② 確約 [　　　]　③ 賢明 [　　　]
　　④ 気楽 [　　　]　⑤ 清々 [　　　]　⑥ 親友 [　　　]

三、次の質問について、あなたの考えや意見を日本語で自由に話してみなさい。
　　問：アルバイトをしている生徒もいるが、それはいいことだと思いますか。

単語リスト

げんしゅ ①	【厳守】	〈名・他サ〉	严守，严格遵守
かくやく ⓪	【確約】	〈名・自他サ〉	约定，保证
ばれる ②		〈自下一〉	暴露，败露
つぶる ③⓪	【瞑る】	〈他五〉	闭眼，装不知道
もてる ②	【持てる】	〈自下一〉	受欢迎，吃香
せいせいする ③①	【清々する】	〈連語〉	清爽；爽快

 聞く

四、ドラマを見ながらその対話を聞いて、内容に合っているものに〇、合っていないものに×をつけなさい。
　　① 並切さんはロボットのメンテナンスのために会社に行ったのだ。
　　② ナイトは井沢さんと付き合っている。

③ 井沢さんはナイトのことで悩んでいる。
④ 店長はナイトがロボットであることを知っている。

五、ドラマを見ながらその対話を聞いて、正しい答えをそれぞれ①・②・③・④から選んで、○をつけなさい。

1. ナイトを再起動させるにはどうすればいいか。
    ① キスする
    ② パソコンにつなぐ
    ③ ボタンを押す
    ④ 頭を打つ
2. 井沢さんはナイトを再起動させないと、どうなるか。
    ① ロボットは回収される
    ② 罰金される
    ③ 友達に怒られる
    ④ ロボットは壊れてしまう
3. 店員は「なんか壊れちゃったみたいっすね」といったが、「壊れちゃった」とはどういう意味か。
    ① 怪我している
    ② 病気になっている
    ③ 臆病になっている
    ④ 頭がおかしくなっている

六、ドラマの対話を聞きながら、次の文を完成させなさい。

① 第三者に恋人ロボットの存在がばれたら、＿＿＿＿＿＿＿＿＿＿が発生することは言いましたよね。
② お友達と01の＿＿＿＿＿＿＿＿＿＿いずれロボットだとばれますよ。
③ 自分の感情には＿＿＿＿＿＿＿＿＿＿事務的にキスすればいいです。
④ それは、＿＿＿＿＿＿＿＿＿＿＿＿＿＿＿＿＿＿いけませんよね。

 **聞いた後**

七、聞いた対話のあらすじを日本語で話してみなさい。
_____
_____
_____
_____

Ⅱ ニュースの視聴

○ 関門海峡花火大会

 聞く前に

一、次の文の下線をつけた言葉は、どのような漢字を書くか、それぞれ①・②・③・④から選んで、○をつけなさい。

1. 彼は、大人たちの間に<u>はさ</u>まれて座っている少女を、少し離れた場所から眺めていた。
　　① 挟　　　② 夾　　　③ 介　　　④ 間

2. 衛星は、地表上の<u>ちょっけい</u>一万三千キロの円内から通信を受理できる。
　　① 総計　　② 儲計　　③ 直系　　④ 直径

3．真紅のバラをはじめとして、赤い花、ピンクの花が艶を<u>きそ</u>っている。
　　① 競って　　　② 竞って　　　③ 争って　　　④ 闘って
4．暫くすると一斉に<u>かんせい</u>が揚がり、拍手が起こった。
　　① 感性　　　　② 閑静　　　　③ 歓声　　　　④ 喚声
5．翌十二日北海道大学及び北海道庁を<u>おとずれ</u>、その教育の実情等を調査した。
　　① 探れ　　　　② 訪れ　　　　③ 尋れ　　　　④ 調れ

二、次の漢字の読み方を書きなさい。
　　① 花火　　[　　　　　]　　② 海峡　[　　　　　]
　　③ 下関　　[　　　　　]　　④ 大輪　[　　　　　]
　　⑤ 水中　　[　　　　　]　　⑥ 主催　[　　　　　]

三、次の質問について、あなたの考えや意見を日本語で自由に話してみなさい。
　　問：あなたは花火を見たことがあるか。

単語リスト

かんもん ◎	【関門】	〈名〉	关卡；难关，关头；关门海峡
きそう ②	【競う】	〈他五〉	竞争，争夺
たいりん ◎	【大輪】	〈名〉	大花朵
おとずれる ④	【訪れる】	〈他一〉	访问；到来

 聞く

四、ニュースの内容に合っているものに○、合っていないものに×をつけなさい。
　　① 関門海峡花火大会は毎年開かれている。
　　② 関門海峡は本州と北海道の間にある。
　　③ 打ち上げられた花火は二種類しかない。
　　④ 家族をつれて見に来る人が多かった。

五、ニュースを聞いて、正しい答えをそれぞれ①・②・③・④から選んで、○をつけなさい。
1．花火は山口県下関市と＿＿＿＿＿＿の海岸から打ち上げられた。
　　① 福岡市　　② 北九州市　　　③ 別府市　　　④ 松山市

2．あわせて何発の花火が打ち上げられたか。
　　① 130000　　② 13000　　③ 1300　　④ 130
3．およそどれぐらいの人が来て、花火を楽しんだか。
　　① 11500　　② 115000　　③ 105000　　④ 1150000

六、ニュースを聞きながら、次の文を完成しなさい。
① 関門海峡花火大会が＿＿＿＿＿＿＿＿＿＿＿＿＿＿＿＿開かれました。
② 海峡を挟んで＿＿＿＿＿＿＿＿＿＿＿＿＿＿海岸から、花火が競い合うように打ち上げられました。
③ 大輪の花火や＿＿＿＿＿＿＿＿が上がると、家族連れなどから大きな歓声が上がっていました。
④ ＿＿＿＿＿＿＿＿＿＿＿＿＿＿＿＿＿＿＿＿＿＿きれいだったのです
⑤ ＿＿＿＿からあがるので、見たことがなかったんで、えっ、すごかったです。

聞いた後

七、聞いたニュースのあらすじを日本語で話してみなさい。

第八課
あの日見た花の名前を僕達はまだ知らない

I ドラマのシーンの視聴

あらすじ

　宿海仁太、本間芽衣子、安城鳴子、松雪集、鶴見知利子、久川鉄道の6人は、小学校時代に互いをあだ名で呼び合い、「超平和バスターズ」という名のグループを結成して秘密基地に集まって遊ぶ間柄だった。しかし突然の芽衣子の死をきっかけに、彼らの間には距離が生まれてしまい、超平和バスターズは決別、それぞれ芽衣子に対する後悔や未練や負い目を抱えつつも、中学校卒業後の現在では疎遠な関係となっていた。

　高校受験に失敗し、引きこもり気味の生活を送っていた仁太。そんな彼の元にある日、死んだはずの芽衣子が現れ、彼女から「お願いを叶えて欲しい」と頼まれる。芽衣子の姿は仁太以外の人間には見えず、当初はこれを幻覚であると思おうとする仁太であったが、その存在を無視することはできず、困惑しつつも芽衣子の願いを探っていくことになる。それをきっかけに、それぞれ別の生活を送っていた仁太達は再び集まり始め、それぞれ抱えていた思いをぶつけあいながら絆を少しずつ修復していく。

A 親の気持ち

 聞く前に

一、次の文の下線に入れるのに最も適当なものを①・②・③・④から一つ選んで、〇をつけなさい。

1. 私はこの会社に入ることができてとても＿＿＿＿＿です。
   ① うれしい　② たのしい　③ やさしい　④ くやしい
2. ＿＿＿＿＿して、心臓が止まりそうになる。
   ① びっくり　② あっさり　③ すっきり　④ がっちり
3. われわれは世界平和の実現を＿＿＿＿＿やまない。
   ① 願う　② 願い　③ 願って　④ 願って

二、次の漢字の読み方を書きなさい。
   ① 邪魔　[　　　]　② 仲良し[　　　]
   ③ 素敵　[　　　]　④ 加減　[　　　]
   ⑤ 結局　[　　　]　⑥ 日記　[　　　]
   ⑦ 真似　[　　　]　⑧ 傷　　[　　　]
   ⑨ 仲間外れ[　　　]

三、次の質問について、あなたの考えや意見を日本語で自由に話してみなさい。
   問：もし、一番仲のいい友達と喧嘩したら、どうしますか。

単語リスト

ロケット ②	【rocket】	＜名＞	火箭；狼烟；喷气装置
うらやましい ⑤	【羨ましい】	＜形＞	羡慕的，眼红的
にくむ ②	【憎む】	＜他五＞	憎恶；憎恨；厌恶
おしつける ④	【押し付ける】	＜他一＞	推压；强加于人
しんじる ③	【信じる】	＜他一＞	相信；信赖；信仰
かなう ②	【かなう】	＜自五＞	能实现，能如愿以偿

 聞く

四、ドラマを見ながらその対話を聞いて、内容に合っているものに〇、合っていないものに×をつけなさい。
　① 芽衣子はもう死んだ。
　② 芽衣子は弟が一人いる。
　③ 芽衣子が仲間はずれされた。
　④ みんなは芽衣子の願いを叶えることをやめることにした。

五、ドラマを見ながらその対話を聞いて、正しい答えをそれぞれ①・②・③・④から選んで、〇をつけなさい。
1．何のために、みんなが芽衣子の家に来たんですか。
　① 芽衣子のお見舞いに来た
　② 花火を上げるために、芽衣子のお母さんの許可をもらいに来た
　③ 芽衣子のお願いを叶えるために、芽衣子の家に来た
　④ 芽衣子のお母さんに謝りに来た
2．なんでみんなは芽衣子のお母さんに憎まれたのですか。
　① みんなのせいで、芽衣子が亡くなったから
　② 一緒に遊んだのに、芽衣子だけが死んだから
　③ 芽衣子は仲間はずれされちゃったから
　④ みんなは芽衣子のことを忘れてしまったから
3．会話の内容に合わないものは次のどれですか。
　① みんなは花火を上げたら芽衣子も喜ぶと思っていた
　② 芽衣子のお母さんは芽衣子で泣き出した
　③ 芽衣子がいると信じる人がいない
　④ 宿海は自分だけで芽衣子の願いをかなえると言った

六、ドラマの対話を聞きながら、次の文を完成させなさい。
① 芽衣子、羨やましいでしょうね。＿＿＿＿＿＿＿＿＿＿＿＿＿＿＿＿わね…　芽衣子が喜ぶなんて言って結局自分たちが楽しんでるのよね？
② あの子だけが昔と変わらずに、なのに＿＿＿＿＿＿＿＿＿＿＿＿＿＿＿＿。どうして芽衣子だけが…　芽衣子1人だけが…
③ わたしたちは憎まれてたのかしら。＿＿＿＿＿＿＿＿＿＿＿＿＿＿＿かもしれない。
④ でもな、お前みたいに＿＿＿＿＿＿＿＿＿＿＿＿＿＿＿＿ことはしない。
⑤ でも、実際しゃべったりしてみると、そんなに変わってなくって、びっくりした。だけど、＿＿＿＿＿＿＿＿＿＿＿＿＿＿＿＿＿＿いない。

 聞いた後

七、芽衣子のお母さんはみんなになにを言ったか日本語で言ってみなさい。

B メンマの現れ

聞く前に

一、次の文の下線に入れるのに最も適当なものを①・②・③・④から一つ選んで、〇をつけなさい。

1．仕事の＿＿＿＿＿にほかの用事をすませました。
　　① 合間　　　② 手間　　　③ 空間　　　④ 仲間
2．今日は日曜日＿＿＿＿＿、会社に行くんですか。
　　① なので　　② なのに　　③ から　　　④ ものの
3．あの話は、＿＿＿＿＿嘘だった。
　　① さっぱり　② はっきり　③ すっきり　④ やっぱり

二、次の漢字の読み方を書きなさい。
　　① 無言［　　　］　② 幽霊［　　　］　③ 最低［　　　］
　　④ 秘密［　　　］　⑤ 基地［　　　］　⑥ 喧嘩［　　　］

三、次の質問について、あなたの考えや意見を日本語で自由に話してみなさい。
　　問：あなたの一番の親友はどんな人ですか。

単語リスト

おちつく ◎	【落ち着く】	〈自五〉	沉着；镇静；稳重；安定，安静
ゆるす ②	【許す】	〈他五〉	允许，许可；饶恕，宽恕；承认
なかよし ②	【仲良し】	〈名〉	相好，友好；相好的人，好朋友

 聞く

四、ドラマを見ながらその対話を聞いて、内容に合っているものに〇、合っていないものに×をつけなさい。
　　① 仁太は今日、バイトをしなかった。
　　② 仁太は松雪のところに無言電話をかけた。
　　③ メンマがみんなに謝った。
　　④ 菊はみんなに「喧嘩はしちゃダメです」といった。

五、ドラマを見ながらその対話を聞いて、正しい答えをそれぞれ①・②・③・④から選んで、○をつけなさい。

1．メンマは何時ごろに松雪のところに電話をしましたか。
① 15時ごろ
② 4時ごろ
③ 5時ごろ
④ 3時ごろ

2．メンマはどんな人ですか。
① 無言電話を掛けた人
② 誰も見えない人
③ みんなと喧嘩した人
④ みんなに仲間外れされた人

3．会話の内容に合うものは次のどれですか。
① 仁太（宿海）が無言電話をかけた。
② メンマはみんなが喧嘩するなんて嫌いだ。
③ 仁太は今日、バイトをしなかった。
④ みんな、メンマのことを忘れたいのだ。。

六、ドラマの対話を聞きながら、次の文を完成させなさい。
① メンマが？でも、＿＿＿＿＿＿＿＿＿＿＿＿＿＿＿＿＿＿＿＿＿…
やっぱり メンマが…
② メンマに俺たちがしたことは一生消えない。メンマが謝ってるなんて嘘だ。メンマが俺たちを＿＿＿＿＿＿＿＿＿＿＿＿＿＿＿＿＿んだ。
③ 今日は＿＿＿＿＿＿＿＿＿＿＿＿＿＿＿＿＿＿＿。喧嘩はしちゃダメです。でもなあ、＿＿＿＿＿＿＿＿＿＿＿＿＿＿＿＿＿＿。

 聞いた後

七、この部分の内容を自分の言葉でまとめてください。

C 違った世界の対話

聞く前に

一、次の文の下線に入れるのに最も適当なものを①・②・③・④から一つ選んで、○をつけなさい。

1. 彼女とはもう別れようと思ったのだが、彼女にあんなに＿＿＿＿＿、別れようにも別れられなかった。
   ① 泣いては　　② 泣かせては　　③ 泣かれては　　④ 泣かされては
2. できれば他人＿＿＿＿＿、二人だけでお話したいのですが。
   ① 要らず　　② なしで　　③ 入れず　　④ 抜きで

単語リスト

じょうぶつ ◎	【成仏】	〈名・自サ〉	成佛
ぬく ◎	【抜く】	〈他五〉	抽出；除掉，清除；省略
おもいだす ③	【思い出す】	〈他五〉	记起，回忆起
きがかり ②	【気掛かり】	〈名〉	（令人）挂念，担心，惦念
ないしょ ◎	【内緒】	〈名〉	秘密，不告诉（別人）；私下

聞く

二、ドラマを見ながらその対話を聞いて、内容に合っているものに○、合っていないものに×をつけなさい。
   ① 宿海（仁太）だけにメンマが見える。
   ② 仁太は子供のころから泣くことが好きだ。

③ メンマと仁太のお母さんとの約束は仁太を泣かさないことだ。
④ メンマの願いは最後まで叶わなかった。

三、ドラマを見ながらその対話を聞いて、正しい答えをそれぞれ①・②・③・④から選んで、〇をつけなさい。
1．メンマは仁太のお母さんとの約束は何ですか。
　① 仁太を泣かさないこと
　② いつも楽しく生きていくこと
　③ みんなと仲良しにすること
　④ 仁太を泣かすこと
2．メンマは何でみんなに電話したんですか。
　① みんなを誘って遊びに行くため
　② みんなに謝るため
　③ 仁太のお母さんとの約束を果たすため
　④ みんなと仲良しにしたいため
3．宿海（仁太）はどんな人ですか。
　① 不親切な人
　② 我慢できない人
　③ 泣きがちな人
　④ あんまり泣かない人

四、ドラマの対話を聞きながら、次の文を完成させなさい。
　① 雪集の言った通り何だ。俺どこかで＿＿＿＿＿＿＿＿＿＿＿＿＿＿＿＿＿＿＿。
　　でも、メンマは違うんだ。
　② だからね、みんなにもお願いしようと思ってお電話して＿＿＿＿＿＿＿、
　　＿＿＿＿＿＿＿＿＿＿＿＿＿＿＿＿＿＿＿思ってたんじゃないか。
　③ 仁太、また泣いた？でもね、＿＿＿＿＿＿＿＿＿＿＿＿＿＿＿＿＿＿＿。
　　そろそろバイバイの時間かな。
　④ 俺だけじゃ駄目なんだ。俺、あいたかった。ずっとお前にあいたかった。＿＿＿＿＿＿＿＿＿＿＿＿＿＿＿＿＿＿＿。

 聞いた後

五、宿海の母はメンマに何を言いましたか。日本語で話してみなさい。
_____
_____
_____
_____

II ニュースの視聴

 聞く前に

一、次の文の下線をつけた言葉は、どのような漢字を書くか、それぞれ①・②・③・④から選んで、○をつけなさい。

1．ダイヤ通りうんこうする。
　　① 運行　　　② 運航　　　③ 雲高　　　④ 雲崗
2．票には商品が製造された月日と場所がひょうじされている。
　　① 標示　　　② 表示　　　③ 標識　　　④ 評事
3．2人で活動していた時のえいぞうを見られる場所はありませんか？
　　① 影像　　　② 営造　　　③ 映像　　　④ 永蔵

4．自動化によってこのような人為的ミスも<u>ぼうし</u>できる。
　① 棒死　　② 防止　　③ 防死　　④ 阻止
5．この目標を達成するため各種の施策が<u>きょうか</u>されてきた。
　① 教化　　② 教科　　③ 狂歌　　④ 強化
6．そして突然動きがやんで、カーテンのひだだけが<u>てんじょう</u>に映る。
　① 天井　　② 天上　　③ 添乗　　④ 天壌

二、次の漢字の読み方を書きなさい。
　① 路線 [　　　]　　② 防犯 [　　　]
　③ 撮影 [　　　]　　④ 天井 [　　　]

三、次の質問について、あなたの考えや意見を日本語で自由に話してみなさい。
　問：地下鉄車内での痴漢やいたずらなどの犯罪についてどう思いますか。

単語リスト

みわたす ③	【見渡す】	〈他五〉	远望
とえい ◎	【都営】	〈名〉	都营，东京都营
ろくが ◎	【録画】	〈名・サ変〉	录像
プライバシー ②	【privacy】	〈名〉	私事，私生活
パラリンピック ⑤	【Paralympics】	〈名〉	残疾人奥林匹克运动会
みすえる ◎③	【見据える】	〈他一〉	定睛而视；看清，看准

 聞く

四、ニュースの内容に合っているものに〇、合っていないものに×をつけなさい。
　① 東京都の都内で運行する東京メトロは所有するすべての車両に防犯カメラを設置した。
　② カメラは車内全体を見渡すことができます。
　③ 録画した映像はすべての人が閲覧できます。
　④ 都営地下鉄を運行する東京都交通局は所有する車両の天井に防犯カメラを設置することにします。

五、ニュースを聞いて、正しい答えをそれぞれ①・②・③・④から選んで、〇をつけなさい。

1．防犯カメラを設置する目的に合わないのはどれですか。
　　① 車内での痴漢の犯罪を防止すること
　　② 2020年の東京オリンピックを見据えて、テロ対策の強化を図ること
　　③ 車内全体を見渡せること
　　④ 車内でのいたずらなどの犯罪を防止すること

2．東京都交通局は防犯カメラは車内のどこに設置しますか
　　① ドアの上に設置する
　　② 車両の天井に設置する
　　③ 運転手は座るところに設置する
　　④ ドアの後方に設置する

3．来年4月以降、防犯カメラはどういう順番に設置を進みますか。
　　① 日比谷線・丸ノ内線・銀座線の順
　　② 丸ノ内線・銀座線・日比谷線の順
　　③ 銀座線・日比谷線・丸ノ内線の順
　　④ 日比谷線・銀座線・丸ノ内線の順

六、ニュースを聞きながら、次の文を完成させなさい。
　　① カメラは車内全体を_____、車内を撮影していることを表示するとしています。
　　② 10年をかけて所有する1100両あまりの_____を設置します。
　　③ 東京メトロと東京都交通局はともに_____上書きします。
　　④ 映像を閲覧できる_____としています。
　　⑤ 2020年の東京オリンピック・パラリンピックを_____としています。

 聞いた後

七、聞いたニュースのあらすじを日本語で話してみなさい。

第九課
ホカベン

I ドラマのシーンの視聴

あらすじ
　新人弁護士・堂本灯は、司法修習を終えた後法律相談所「エムザ」に入所し、プロボノセクションに配属された。そこで堂本は、そのセクションのリーダーで自身の教育係・杉崎と出会う。しかし依頼者からの相談を受ける中で、法律に背き虐げられた弱者の辛い現実や、「法律は弱者を守ってくれる」と考える堂本と、法律の限界を知り尽くし「弱者を守らないどころか殺せる武器」と考える杉崎との対立に直面する。それでも堂本は弱者を救う為に、情熱だけで立ち向かう。

A 入所式

 聞く前に

一、次の文の下線に入れるのに最も適当なものを①・②・③・④から一つ選んで、○をつけなさい。

1. リーダーの資質は指導力と責任感を_____ていることである。
   ① そびえて　　② そなえて　　③ そろって　　④ そろえて
2. いくつかの難関を_____やっと司法試験に合格した。
   ① すぎて　　② とおって　　③ くぐって　　④ とおして
3. 長年の思いが_____、やっと自分の家が持てた。
   ① あたって　　② つないで　　③ かねて　　④ かなって

二、次の漢字の読み方を書きなさい。
① 司法 [　　　]　② 擁護 [　　　]
③ 構築 [　　　]　④ 過言 [　　　]
⑤ 特許 [　　　]　⑥ 侵害 [　　　]
⑦ 訴訟 [　　　]　⑧ 庶民 [　　　]
⑨ 救済 [　　　]

三、次の質問について、あなたの考えや意見を日本語で自由に話してみなさい。
問：弁護士の本来の使命とはどんなことでしょうか。あなたは弁護士という職業が好きですか。

単語リスト

なんかん ◎	【難関】	＜名＞	难关
せまきもん ①	【狭き門】	＜名＞	难关；窄门
くぐる ②	【潜る】	＜自五＞	通过；钻过
せいえい ◎	【精鋭】	＜名＞	精锐；精干的人
リーガル ◎	【legal】	＜形＞	法律的
ようする ③	【擁する】	＜他サ＞	拥有
そなえる ③	【備える】	＜他一＞	具备，具有
ローファーム ①	【law firm】	＜名＞	律师事务所
フロア ②	【floor】	＜名＞	层；楼面
ブロック ②	【block】	＜名＞	区域

ファイナンス ①	【finance】	〈名〉	財政
バリスター ②	【barrister】	〈名〉	专门律师
プロボノ ◎	【pro bono】	〈名〉	公益服务
パラリーガル ③	【paralegal】	〈名〉	律师的专职助手

 聞く

四、ドラマを見ながらその対話を聞いて、内容に合っているものに○、合っていないものに×をつけなさい。
① 『エムザ』は約200名の弁護士を擁する日本で一番大きい法律事務所です。
② 堂本灯は自らバリスターを希望したのです。
③ プロボノとは無料で経済的に弱い人を救済する部署です。
④ 杉崎先生はプロボノセクションのリーダーです。

五、ドラマを見ながらその対話を聞いて、正しい答えをそれぞれ①・②・③・④から選んで、○をつけなさい。
1．今日本には弁護士が何人ぐらいいますか。
　① 1万5000人　　② 1万6000人
　③ 2万5000人　　④ 2万6000人
2．工藤怜子先生は『ライフェ工業』の特許侵害訴訟で賠償金をいくら勝ち取りましたか。
　① 9億6000万　　② 9億8000万
　③ 10億6000万　　④ 10億8000万
3．新人弁護士堂本灯が当てられたブロックはどんな部署ですか。
　① リーガル部門　　② プロボノセクション
　③ ファイナンス部門　　④ バリスターセクション

六、ドラマの対話を聞きながら、次の文を完成しなさい。
① 『エムザ法律事務所』は＿＿＿＿＿と＿＿＿＿＿という使命を根底に、幅広く、質の高いリーガルサービスを提供してまいりました。
② 急速に変化する＿＿＿＿＿＿＿の中、法律事務所に求められるサービスや役割も次第に複雑化、＿＿＿＿＿してきています。
③ プロボノとは、公共の利益のために＿＿＿＿＿することを指し、弁護士会ではその活動が＿＿＿＿＿され始めている。

④ その…頑張りますという_____を。ようやく_____の弁護士になれたので。

 聞いた後

七、聞いた対話の内容のあらすじを日本語で話してみなさい。
_____
_____
_____
_____

B 少年事件

 聞く前に

一、次の文の下線に入れるのに最も適当なものを①・②・③・④から一つ選んで、○をつけなさい。

1. もう取り返しのつかないことだから、いまさら_____もしかたがない。
 ① 慌やんで　　② 悔やんで　　③ 慎やんで　　④ 惜やんで

2. いくら詫びても過ちは_____切れない。
 ① 補い　　② 言い　　③ 返し　　④ 償い

3. 法が人を_____のであって、人がではない。
 ① さばく　　② あざむく　　③ くだく　　④ やぶく

二、次の漢字の読み方を書きなさい。
① 謝罪 [　　　　] ② 葬儀 [　　　　] ③ 賠償 [　　　　]
④ 請求 [　　　　] ⑤ 審理 [　　　　] ⑥ 検察 [　　　　]

三、次の質問について、あなたの考えや意見を日本語で自由に話してみなさい。
問：弁護士は人権擁護と社会正義の実現を使命としていると言われていますが、あなたはどう思いますか。

単語リスト

くやむ ②	【悔やむ】	〈他五〉	懊悔，后悔
ナメる ②		〈他一〉	轻视，小看
わびる ③◎	【詫びる】	〈他一〉	道歉，谢罪
けいむしょ ③◎④	【刑務所】	〈名〉	监狱，监牢
つきとばす ④	【突き飛ばす】	〈他五〉	撞出很远，撞倒
とうとい ③	【尊い】	〈形〉	宝贵，贵重
じだん ①	【示談】	〈名〉	调停；和解
うつむく ③④◎	【俯く】	〈自五〉	垂头，低头
しんり ①	【審理】	〈名・他サ〉	审理
もちかける ④⑤◎	【持ち掛ける】	〈他一〉	（主动）提出，先开口
さばく ②	【裁く】	〈他五〉	裁判，审判
むのう ◎	【無能】	〈名・形動〉	无能
いやす ②	【癒す】	〈他五〉	治疗，医治

聞く

四、ドラマを見ながらその対話を聞いて、内容に合っているものに〇、合っていないものに×をつけなさい。
① 今少年は自分のしたことを心から後悔している。
② 少年の母はお金でこのことを解決しようと思っている。
③ 事件のあと、少年は自ら被害者の家族に謝罪した。
④ 被害者の家族は示談したくなくて、その少年を訴えようと思っている。

五、ドラマを見ながらその対話を聞いて、正しい答えをそれぞれ①・②・③・④から選んで、〇をつけなさい。

1．少年に反省文を書かせたのは誰ですか。
　　① 少年の先生　　　　　② 少年のおじさん
　　③ 少年の弁護士　　　　④ 少年の母の友人

2．今度の事件の内容はどんなことでしょうか。
　　① 少年はサラリーマンを突き飛ばして殺した
　　② 少年はサラリーマンを殴って死なせた
　　③ 少年はサラリーマンをナイフで殺した
　　④ 少年はサラリーマンを不注意で死なせた

3．なぜ杉崎先生も倉木さんも堂本灯にこの事件の受理を断れと言ったのですか。
　　① 堂本は無能だから
　　② お金儲からないから
　　③ 勝てないから
　　④ 少年事件が難しいから

六、ドラマの対話を聞きながら、次の文を完成しなさい。
　　① 僕はあらためて命の＿＿＿＿＿＿＿＿＿＿、＿＿＿＿＿＿＿＿を知りました。
　　② ＿＿＿＿＿＿＿＿＿＿の弁護士ができることなんてほとんどないですよ。
　　　川原事件の審理は＿＿＿＿＿＿＿＿＿＿＿＿＿＿＿＿＿＿できませんし。
　　③ そんなセリフ、＿＿＿＿＿＿＿＿＿＿＿＿＿＿＿弁護士の言い訳だろ。
　　④ 法律に＿＿＿＿＿＿＿＿＿＿＿＿＿＿＿＿＿＿奴に川原事件は無理だ。

 聞いた後

七、聞いた対話の内容のあらすじを日本語で話してみなさい。
　　＿＿＿＿＿＿＿＿＿＿＿＿＿＿＿＿＿＿＿＿＿＿＿＿＿＿＿＿＿＿＿
　　＿＿＿＿＿＿＿＿＿＿＿＿＿＿＿＿＿＿＿＿＿＿＿＿＿＿＿＿＿＿＿
　　＿＿＿＿＿＿＿＿＿＿＿＿＿＿＿＿＿＿＿＿＿＿＿＿＿＿＿＿＿＿＿
　　＿＿＿＿＿＿＿＿＿＿＿＿＿＿＿＿＿＿＿＿＿＿＿＿＿＿＿＿＿＿＿

 C 医療訴訟

 聞く前に

一、次の文の下線に入れるのに最も適当なものを①・②・③・④から一つ選んで、〇をつけなさい。

1. 話し合いでは解決しないので、裁判所に＿＿＿＿＿ことにした。
　① 訂える　　　② 討える　　　③ 詠える　　　④ 訴える
2. 手術してから1時間もしないうちに、病人の＿＿＿＿＿が突然悪化した。
　① 様子　　　　② 容体　　　　③ 具合　　　　④ 姿
3. 彼女はその仕事を私に＿＿＿＿＿先に帰ってしまった。
　① 押し込んで　② 押しつけて　③ 押し切って　④ 押し寄せて
4. 経済は、いよいよ不況を＿＿＿＿＿、好況の局面に入った。
　① 抜け出して　② 押し出して　③ 推し出して　④ 飛び出して

二、次の漢字の読み方を書きなさい。
　① 動脈 [　　　]　② 多大 [　　　]　③ 挽回 [　　　]
　④ 勝訴 [　　　]　⑤ 容体 [　　　]　⑥ 保全 [　　　]

三、次の質問について、あなたの考えや意見を日本語で自由に話してみなさい。
　問：法律は弁護士の武器だということについて、あなたはどう思いますか。

単語リスト

まるめこむ ④	【丸め込む】	〈他五〉	笼络，拉拢
りっしょう ◎	【立証】	〈名・他サ〉	作证；证实
ようだい ◎③	【容体】	〈名〉	病情，病状

とこずれ ◎	【床擦れ】	<名>	褥疮
しっとう ◎	【執刀】	<名・自サ>	动手术
かいざん ◎	【改ざん】	<名・他サ>	窜改，涂改
しんしょう ◎	【心証】	<名>	确信，心证
まして ①	【況して】	<副>	何况
いやみ ③◎	【嫌味】	<名・形动>	讨厌，令人生厌

 聞く

四、ドラマの抜粋を見ながらその対話を聞いて、内容に合っているものに〇、合っていないものに×をつけなさい。

① これまで堂本灯のせいで、『エムザ』は大きな損失を受けました。
② 医療ミスの勝訴率はわずか30％に過ぎません。
③ 医療ミスで病院を訴える時、カルテと医療記録が必ず必要です。
④ 堂本灯は患者さんの床擦れの写真を撮りました。

五、ドラマを見ながらその対話を聞いて、正しい答えをそれぞれ①・②・③・④から選んで、〇をつけなさい。

1．堂本灯はなぜ医療ミス事件の弁護を引き受けたんですか。
　　① 工藤先生に押し付けられたからです
　　② この訴訟に勝てば、お金いっぱいもらえるからです
　　③ 医療ミスの被害者を助けたいからです
　　④ 医療ミスは弁護士にとって難しい分野なので、やりがいがあるためです
2．なぜ河合さんの手術がうまくいかなかったのですか。
　　① 脳動脈瘤の手術が難しいからです
　　② 執刀医が手術中にオペ室から出て行ったからです
　　③ 執刀医の腕がよくないからです
　　④ 手術がうまくいったりうまくいかなかったりするからです
3．どうして患者さんの床擦れの写真を撮らなければならないのですか。
　　① 執刀医の藤木先生に見せたいためです
　　② 医療ミスの裁判を起こすためです
　　③ 証拠保全のためです
　　④ 裁判官に見せて、証拠保全の許可をもらうためです

六、ドラマの対話を聞きながら、次の文を完成しなさい。

① いま、『エムザ』の中であなたの立場は非常に悪い。
   でも、この訴訟に勝てば、＿＿＿＿＿＿＿＿＿＿＿＿＿＿＿＿＿できる。
② 何で引き受けたんだ。どうせ工藤にいいように＿＿＿＿＿＿＿＿んだろ。
③ 重要な証拠は医者側が持ってる。たとえそれが手に入ったとしても、それを立証すんのは＿＿＿＿＿＿＿＿＿＿＿＿＿＿＿＿＿なんだよ。
④ こちらの動きが知れて、カルテを＿＿＿＿＿＿＿＿＿＿されてしまっては、＿＿＿＿＿＿＿＿＿＿＿＿＿＿＿＿ありませんから。

 聞いた後

七、聞いた対話の内容のあらすじを日本語で話してみなさい。

II ニュースの視聴

 聞く前に

一、次の文の下線をつけた言葉は、どのような漢字を書くか、それぞれ①・②・③・④から選んで、○をつけなさい。

1．中国各地での反日デモが相次いで、対日感情の悪化がけねんされる。
　　① 懸念　　　② 祈念　　　③ 配念　　　④ 関念
2．人口調査によって、中国総人口をすいけいする。
　　① 推測　　　② 推定　　　③ 推計　　　④ 測計
3．昨年大ヒットした映画は来月完全ほぞん版のDVDが発売される予定だ。
　　① 保全　　　② 保存　　　③ 保有　　　④ 保持
4．頭痛、鼻水、寒気とくれば、風邪のしょうじょうだ。
　　① 状況　　　② 病症　　　③ 症状　　　④ 証状

二、次の漢字の読み方を書きなさい。
　　① 食糧不足　[　　　]　　② 被災地　[　　　]
　　③ 懸念　　　[　　　]　　④ 土砂崩れ [　　　]
　　⑤ 穀物　　　[　　　]　　⑥ 種子　　[　　　]

三、次の質問について、あなたの考えや意見を日本語で自由に話してみなさい。
　　問：洪水や土砂崩れというような自然災害を少なくするにはどうすればいいでしょうか。自然と人間との関係をテーマにして、あなたの考えを話してみてください。

単語リスト

ししゃ ①②	【死者】	〈名〉	死者
ひさいち ②	【被災地】	〈名・自サ〉	受灾地区
さくもつ ②	【作物】	〈名〉	农作物，庄稼
けねん ◎①	【懸念】	〈名・他サ〉	担心；担忧
としゃくずれ ③	【土砂崩れ】	〈名〉	塌方
サトウキビ ②④	【砂糖黍】	〈名〉	甘蔗
ヘクタール ③	【hectare】	〈名〉	公顷
こくもつ ②	【穀物】	〈名〉	粮食，谷物
たねまき ②	【種まき】	〈名〉	播种

げり ◎	【下痢】	〈名・自サ〉	腹泻
コレラ ①	【cholera】	〈名〉	霍乱
まんえん ◎	【蔓延】	〈名・自サ〉	蔓延

 聞く

四、ニュースの内容に合っているものに○、合っていないものに×をつけなさい。
① パキスタンでは、大雨による洪水や土砂崩れなどの自然災害が起こりました。
② 国家災害対策局の統計によると、パキスタンの被災地では作物の80％が被害を受けました。
③ パキスタンでは、被害面積が合わせて70万ヘクタールにも上りました。
④ コレラなどの伝染病の蔓延が心配されるので、国際社会に支援を呼びかけています。

五、ニュースを聞いて、正しい答えをそれぞれ①・②・③・④から選んで、○をつけなさい。

1．FAOはどんな組織の略称ですか。
　① 国家災害対策局　　　　　② 国連災害対策局
　③ 国家食糧農業機関　　　　④ 国連食糧農業機関
2．パキスタンでは、災害が一番深刻なところはパンジャブ州のほかにどこですか。
　① カイバル・ポクトゥンクワ州　② カイバル・パクトゥンクワ州
　③ カイバル・パンジャブ州　　　④ カイバル・パクトゥンクオ州
3．パキスタンの主な穀物は何ですか。
　① サトウキビ　　　　　　　② コメ
　③ トウモロコシ　　　　　　④ コムギ

六、ニュースを聞きながら、次の文を完成しなさい。
① パキスタンでの農業被害について、FAO＝＿＿＿＿＿＿＿＿＿＿は、被災地では作物全体の80％が被害を受けたとする＿＿＿＿＿＿＿＿を発表しました。
② パキスタンでは、先月下旬から洪水や＿＿＿＿＿＿、＿＿＿＿＿＿によりますと、これまでに1300人以上が死亡しています。
③ ＿＿＿＿＿＿やサトウキビ、それに＿＿＿＿＿＿など、＿＿＿＿＿＿が

あわせて70万ヘクタール近くに上り、全体の80％が被害を受けたとしています。

④ _____ なども失われたということで、_____ の種まきができなくなるなど、今後、現地で深刻な食糧不足が懸念されています。

⑤ 被災地では、これまでに3万6000人に_____ ということで、コレラなど_____ も懸念されています。

聞いた後

七、聞いたニュースのあらすじを日本語で話してみなさい。

_____
_____
_____
_____

第十課
奥様は魔女

I ドラマのシーンの視聴

あらすじ
　ありさと譲二は、ごく普通の恋をして結婚。つばさというかわいいベビーも誕生したが、普通とちょっと違っていたのは、奥さまが魔女だったこと。魔王の命令で、つばさは魔界で勉強しなければならなくなり、幸せな家族は突然、離れて暮らすことになってしまった。

A 魔女との出会い

 聞く前に

一、次の文の下線に入れるのに最も適当なものを①・②・③・④から一つ選んで、〇をつけなさい。

1．中学生が人を殺すなんて＿＿＿＿＿世の中になりましたね。
　　① ぶっそうな　　② あやしい　　　③ ものものしい　　④ ずうずうしい
2．徹底的に調べ、やっと事故の原因を＿＿＿＿＿。
　　① 分かった　　　② 突き出した　　③ 突き止めた　　　④ 突き当たった
3．碁に熟達するには長年の＿＿＿＿＿が必要です。
　　① 就業　　　　　② 修業　　　　　③ 授業　　　　　　④ 収業

二、次の漢字の読み方を書きなさい。
　　① 柔道［　　　］　② 必死［　　　］　③ 劇団［　　　］
　　④ 合宿［　　　］　⑤ 修業［　　　］　⑥ 内緒［　　　］

三、次の質問について、あなたの考えや意見を日本語で自由に話してみなさい。
　　問：座右銘とはどういうことですか。あなたの座右銘は何でしょうか。

単語リスト

レシピ ①	【recipe】	<名>	菜譜；烹饪法
ぶっそう ③	【物騒】	<名・形动>	危险
いきつけ ⓪	【行きつけ】	<名>	常去（的地方）
つきとめる ④	【突き止める】	<他一>	查明；找到
オペラ ①	【opera】	<名>	歌剧
しゅぎょう ⓪	【修業】	<名・自他サ>	修（学），学习
わくわく ①		<副>	欢欣雀跃

 聞く

四、ドラマを見ながらその対話を聞いて、内容に合っているものに〇、合っていないものに×をつけなさい。
　　① 譲二はずっと柔道をやっているので、体が強い。
　　② アリサは助けてもらったお礼をしたくて、譲二を自分の家に招待した。

③ アリサはこれまで料理を作ったことがない。
④ アリサも譲二もクジを引くのが好きだ。

五、ドラマを見ながらその対話を聞いて、正しい答えをそれぞれ①・②・③・④から選んで、〇をつけなさい。
1．アリサは今何を習いたいのですか。次のどれが違っていますか。
　　① 生け花　　　　② 料理
　　③ 編み物　　　　④ お菓子作り
2．譲二はどうして料理が上手ですか。
　　① 料理を作ることが好きだから
　　② 料理学校で習ったことがある
　　③ 大学にいた時ずっと料理を作っていた
　　④ 柔道部の合宿でずっと料理当番だった
3．譲二は今の生活を楽しんでいますか。
　　① 仕事が面白いから楽しい
　　② 仕事がうまくいって楽しい
　　③ 仕事がつまらなくて楽しくない
　　④ 仕事がうまくいかなくて楽しくない

六、ドラマの対話を聞きながら、次の文を完成しなさい。
① 違うだろ。微妙に。まあいいや、とにかく＿＿＿＿＿＿、オペラの1番高いやつ。
② 仕事もコーヒーのクジみたいに＿＿＿＿＿＿＿＿＿＿って、ワクワクしながらできるといいね。
③ それは途中でクジを引くのを諦めちゃっただけでしょ。はい、必ず＿＿＿＿＿＿＿＿＿＿＿＿＿＿。
④ 聞いた＿＿＿＿＿、あたしも大好きになったから。
　きっとうまくいく。＿＿＿＿＿＿＿＿＿で願ったら、願い続けたら、猫だって鳥になれるかも。

聞いた後

七、聞いた対話の内容のあらすじを日本語で話してみなさい。

_____
_____
_____
_____

B 結婚

 聞く前に

一、次の文の下線に入れるのに最も適当なものを①・②・③・④から一つ選んで、○をつけなさい。

1．運勢を_____もらったら吉と出た。
　　① うらがって　　② うならって　　③ うらなって　　④ うながって
2．社長は部下たちに_____、新しい契約をまとめさせた。
　　① 指図して　　② 指し示して　　③ 指導して　　④ 指し出して
3．友達でもないのに、君にとやかく言われる_____はない。
　　① 根拠　　② 筋合い　　③ 言い訳　　④ 筋

二、次の漢字の読み方を書きなさい。
　　① 鳥肌 [　　　　] 　② 衣装 [　　　　] 　③ 指図 [　　　　]
　　④ 別居 [　　　　] 　⑤ 難癖 [　　　　] 　⑥ 完璧 [　　　　]

三、次の質問について、あなたの考えや意見を日本語で自由に話してみなさい。

問：もし魔法の力が持てば、あなたが一番何がしたいのですか。

単語リスト

きよい ②	【清い】	〈形〉	纯洁；正派
きずく ②	【築く】	〈他五〉	建立
とりはだ ◎	【鳥肌】	〈名〉	鸡皮疙瘩
でれでれ ①		〈副〉	腻腻乎乎
うらなう ③	【占う】	〈他五〉	占卜，算命
さしず ①	【指図】	〈名・他サ〉	指使；命令
チンパンジー ③	【chimpanzee】	〈名〉	黑猩猩
すじあい ◎	【筋合い】	〈名〉	理由，道理
なんくせ ◎	【難癖】	〈名〉	缺点，毛病

 聞く

四、ドラマを見ながらその対話を聞いて、内容に合っているものに〇、合っていないものに×をつけなさい。
① アリサの両親は今別々に暮らしている。
② 譲二は運が悪くて、「大凶」のくじを引いた。
③ 譲二もアリサも結婚する前、お互いの両親に会っていない。
④ アリサは魔法を使い、完璧な料理を出して、譲二の母に認めてもらいたいと思っている。

五、ドラマを見ながらその対話を聞いて、正しい答えをそれぞれ①・②・③・④から選んで、〇をつけなさい。
1．誰から電話がかかってきたのですか。
　① 譲二の親戚　　　② 譲二の同僚
　③ 譲二の母　　　　④ 譲二の上司
2．アリサの母は譲二のどこが気に入らないのですか。
　① チンパンジーに似ているから
　② 浮気をするから
　③ 態度がでっかいから
　④ 魔法が使えない人間だから

3. アリサの母は譲二の名前をわざと読み間違えました。次のどれがアリサの母に使われていない名前ですか。
　① ジョウマンジロウ　　　② ジョウノスケ
　③ ジョウタロウ　　　　　④ ジョリアン

六、ドラマの対話を聞きながら、次の文を完成しなさい。
　① 人間の男なんて魔法の１つも使えないくせに。＿＿＿＿＿＿＿＿＿＿わ。
　　 偉そうに＿＿＿＿＿＿＿＿＿＿わ。
　② あいつの母親ね。いよいよ＿＿＿＿＿＿＿＿＿＿＿＿＿＿＿＿わけだ。
　③ 嫁の＿＿＿＿＿＿＿＿＿＿＿＿＿＿＿＿＿＿＿"うちの嫁とは認めない"なんて＿＿＿＿＿＿＿＿＿＿＿＿＿＿のが姑だろう？
　④ 世も末だ！実の親を＿＿＿＿＿＿＿＿＿＿＿＿＿＿＿なんて。

 聞いた後

七、聞いた対話の内容のあらすじを日本語で話してみなさい。
　_____
　_____
　_____
　_____

🔴 本音

 聞く前に

一、次の文の下線に入れるのに最も適当なものを①・②・③・④から一つ選んで、〇をつけなさい。

1．あの先生の専門分野は＿＿＿＿にわたっている。
　　① ためん　　② おおく　　③ ひろさ　　④ たき

2．いろいろ考えた結果、やっと事業を始めることに＿＿＿＿。
　　① 踏み切った　② 踏み込んだ　③ 踏み入れた　④ 踏んだ

3．今年はいい成績を取りましたが、来年も優勝したいと＿＿＿＿ている。
　　① 張り上げて　② 張り切って　③ 張り出して　④ 張り合って

4．この件は、事前に＿＿＿＿して、うまく運ぶようにしてあったらしい。
　　① 細心　　② 動作　　③ 細工　　④ 仕事

二、次の漢字の読み方を書きなさい。
　　① 情熱 [　　　]　② 多岐 [　　　]　③ 死語 [　　　]
　　④ 侮辱 [　　　]　⑤ 政略 [　　　]　⑥ 縁談 [　　　]

三、次の質問について、あなたの考えや意見を日本語で自由に話してみなさい。
　　問：「建前」と「本音」はそれぞれどんな意味ですか。

単語リスト

ポップ ①	【pop】	〈形動〉	时尚的
みならう ③④◎	【見習う】	〈他五〉	学习；以……为榜样
たき ①	【多岐】	〈名〉	多方面
ふみきる ③	【踏み切る】	〈自五〉	下(定)决心
ずばり（と）②		〈副〉	干脆；直截了当
ボロクソ ◎		〈名・形動〉	一钱不值
ペコペコ ①		〈副〉	点头哈腰
はげ ①	【禿】	〈名〉	秃子
ゲップ ◎		〈名〉	嗳气，打嗝儿
おなら ◎	【屁】	〈名〉	放屁
もんだいがい ③	【問題外】	〈名〉	不值一提
はりきる ③	【張り切る】	〈自五〉	干劲十足，精神百倍

モリモリ ①		〈副〉	精力旺盛地
しご ①	【死語】	〈名〉	廃词（已不使用的词汇）
せいりゃく ◎	【政略】	〈名〉	政治策略
えんだん ◎	【縁談】	〈名〉	亲事，婚事
エゴ ①		〈名〉	利己主义，自私自利
さいく ◎③	【細工】	〈名・他サ〉	捣鬼

 聞く

四、ドラマの抜粋を見ながらその対話を聞いて、内容に合っているものに〇、合っていないものに×をつけなさい。
　① 譲二は上司鈴木の一家と同僚長谷川を自分の家に招待しました。
　② 鈴木さんは部下に優しく、最高な上司です。
　③ エミリーの父はもう定年退職して、東京郊外の別荘で暮らしています。
　④ みんな魔法にかかったブローチに近付いた途端、隠していた本音を言い始めます。

五、ドラマを見ながらその対話を聞いて、正しい答えをそれぞれ①・②・③・④から選んで、〇をつけなさい。
１．なぜ青木社長はエミリーの父に頭が上がらないのですか。
　① エミリーの父のアドバイスを聞いて、緑汁の開発を始めた
　② エミリーの父のおかげで、緑汁の開発に成功した
　③ エミリーの父の作ったいいCMで、緑汁の売れ行きがよくなった
　④ エミリーの父は今でも青木製薬緑汁の新しい宣伝を考えている
２．鈴木さんの部下は鈴木さんのどんなことを我慢していますか。次のどれが違っていますか。
　① 仕事中爪を切ること
　② ゲップをしたり、おならをしたりすること
　③ ハゲのこと
　④ 事務室でブランコに乗っていること
３．鈴木さんはエミリーの父のどこが一番気に入らないのですか。
　① エミリーの父に器の小さい人だと言われたから
　② エミリーの父の考えがもう時代遅れから

③ 定年退職したのに、まだ自分の仕事に一々口を出すから
④ エミリーの父は以前自分の娘を青木社長の息子と結婚させたいのだから

六、ドラマの対話を聞きながら、次の文を完成しなさい。
① お義父様の＿＿＿＿＿＿＿＿＿＿＿＿＿＿＿＿＿＿が、本当に我々はそのエネルギーを見習わなければいけないってことだな。
② 青木社長、たとえ製薬会社といえども、＿＿＿＿＿＿＿＿＿＿ビジネスをだなあ、もっと考えなきゃいかん。それで、緑汁の開発に＿＿＿＿＿＿じゃ。
③ そういう人間がいるんだよ。下のモンにはね、もう＿＿＿＿＿＿＿＿＿＿ね。上の人間にはペコペコペコペコ、＿＿＿＿＿＿＿＿＿＿人間がいるんだよな。
④ いやいや、そりゃわしの＿＿＿＿＿＿＿＿＿＿＿＿＿＿＿＿＿＿と思ってさ。そんなエゴだったら大歓迎だわよ。

 聞いた後

七、聞いた対話の内容のあらすじを日本語で話してみなさい。
＿＿＿＿＿＿＿＿＿＿＿＿＿＿＿＿＿＿＿＿＿＿＿＿＿＿＿＿＿＿
＿＿＿＿＿＿＿＿＿＿＿＿＿＿＿＿＿＿＿＿＿＿＿＿＿＿＿＿＿＿
＿＿＿＿＿＿＿＿＿＿＿＿＿＿＿＿＿＿＿＿＿＿＿＿＿＿＿＿＿＿
＿＿＿＿＿＿＿＿＿＿＿＿＿＿＿＿＿＿＿＿＿＿＿＿＿＿＿＿＿＿

Ⅱ ニュースの視聴

 聞く前に

一、次の文の下線をつけた言葉は、どのような漢字を書くか、それぞれ①・②・③・④から選んで、〇をつけなさい。
1．朝夕の混雑をかんわするために、政府は時差通勤を呼びかけている。
　　① 緩和　　　② 勧告　　　③ 寛和　　　④ 寛容
2．洪水や土砂崩れが起こったパキスタンが国際社会の援助をようせいしている。
　　① 要求　　　② 要請　　　③ 申請　　　④ 要望
3．理想もよいが、常に現実をふまえて計画を立てるべきだ。
　　① 踏まえて　② 基まえて　③ 立まえて　④ 元まえて
4．公害問題が深刻化している今、政府はやっと環境問題に真剣にとりくみはじめた。
　　① 取り入み　② 取り調み　③ 取り組み　④ 取り込み
5．火災による死者があまりにも多いので、翌日の新聞は一斉に火事の記事を一面にかかげた。
　　① 載げた　　② 挙げた　　③ 揚げた　　④ 掲げた

二、次の漢字の読み方を書きなさい。
　　① 規制緩和［　　　　　］　② 要請［　　　　　］
　　③ 観光局長［　　　　　］　④ 開拓［　　　　　］
　　⑤ 法改正［　　　　　］　　⑥ 進捗［　　　　　］

三、次の質問について、あなたの考えや意見を日本語で自由に話してみなさい。
　　問：あなたは日本へ旅行に行ったことがありますか。もし日本へ行くとしたら、一番行きたいところはどこですか。それはなぜでしょうか。

単語リスト

ツアー ①	【tour】	〈名〉	旅行，旅游
はんばい ◎	【販売】	〈名・他サ〉	销售，贩卖
ようせい ◎	【要請】	〈名・他サ〉	要求，请求
まえむき ◎	【前向き】	〈名・形動〉	积极
とりくむ ③④◎	【取り組む】	〈自五〉	全力对付；致力于……
ふまえる ③	【踏まえる】	〈他一〉	根据；按照；基于
かいせい ◎	【改正】	〈名・他サ〉	修改；更改

| しんちょく ◎ | 【進捗】 | 〈名・自サ〉 | 进展 |
| かかげる ④◎③ | 【掲げる】 | 〈他一〉 | 举起；打着 |

聞く

四、ニュースの内容に合っているものに〇、合っていないものに×をつけなさい。
① 前原国土交通大臣は中国の国家観光局長と日本で会談をしました。
② 日本側の規制緩和の要請に対して、中国側は積極的な態度を示しました。
③ 今日本国内で中国向けのツアー商品が販売できません。
④ 中国からの観光客はここ数年どんどん増えています。

五、ニュースを聞いて、正しい答えをそれぞれ①・②・③・④から選んで、〇をつけなさい。

1．会談で、前原国土交通大臣は何についての規制緩和を要請したのですか。
① 中国国内での日本向きのツアー商品の販売
② 中国国内での日本向けのツアー商品の販売
③ 日本国内での中国向きのツアー商品の販売
④ 日本国内での中国向けのツアー商品の販売

2．前原国土交通大臣の要請に対して、邵局長はどんな方針を示しましたか。
① 友好的な態度
② 前向きに検討する方針
③ 前向きに考える方針
④ 前向きの姿勢で進める方針

3．去年、中国からの来日観光客の数はどのぐらいありますか。
① およそ1000万 ② およそ900万
③ およそ700万 ④ およそ500万

六、ニュースを聞きながら、次の文を完成しなさい。
① 規制緩和を要請したのに対し、中国側は、＿＿＿＿＿＿＿＿＿＿＿＿＿を示しました。
② 前原大臣は、日本の旅行会社が＿＿＿＿＿＿＿＿＿＿＿＿＿などの販売が認められていない＿＿＿＿＿＿＿＿＿、規制緩和を要請しました。

③ 邵局長は、「_____を進めており、早ければ年内に実現する。今後も_____報告したい」と述べました。

④ 政府は、_____の数を、6年後には、去年のおよそ3倍の2000万人に増やす_____。

聞いた後

七、聞いたニュースのあらすじを日本語で話してみなさい。
　_____
　_____
　_____
　_____

第十一課
曲げられない女

I ドラマのシーンの視聴

あらすじ

司法試験に合格した直後に事故死した父、荻原義紀が果たせなかった弁護士になる夢を諦められずにいる荻原早紀は、弁護士法人事務所で見習いパラリーガル（弁護士の監督の下で定型的、限定的な法律業務を遂行することによって弁護士の業務を補助する者）をしながら弁護士を目指しているものの、司法試験には9年連続で不合格。周囲からは結婚を勧められているが、彼女は物事をきちんとしないと気がすまない「曲げられない女」だった。ある日、早紀は、高校時代の同級生、長部璃子と再会。直後に恋人の坂本正登からプロポーズされたが、ひょんなことから知り合った藍田光輝に「結婚に夢を持つな」と忠告され、曲げられなかった自分の人生に迷いが生まれる…

A 理想と現実

# 聞く前に

一、次の文の下線に入れるのに最も適当なものを①・②・③・④から一つ選んで、○をつけなさい。

1. 鈴木さんはキッチンの中から出て、サラダの_____の大皿を運んできてテーブルに置いた。
   ① 盛り合わせ　　② 盛り上げ　　③ 盛り上がり　　④ 盛りつぶし
2. いくら後悔しても、過ぎた時間は_____ことができない。
   ① 繰り返す　　② 取り上げる　　③ 取り戻す　　④ 押し戻す
3. 自慢したアイデアが徹底的にあらさがしされて、顔を_____。
   ① 潰された　　② 破られた　　③ ぶっつけられた　　④ 壊された

二、次の漢字の読み方を書きなさい。
① 財布 [　　　]　② 頑固 [　　　]　③ 札 [　　　]
④ 小銭 [　　　]　⑤ 司法 [　　　]　⑥ 同級生 [　　　]

三、次の質問について、あなたの考えや意見を日本語で自由に話してみなさい。
問：今まで、経験した理想と現実がかけはなれたことについて話してみなさい。

単語リスト

さからう ③	【逆らう】	〈自五〉	违背
そしき ①	【組織】	〈名・他サ〉	组织
たちば ①	【立場】	〈名〉	立足点；处境
すくう ③	【救う】	〈自五〉	救助；帮忙
しめい ①	【使命】	〈名〉	使命；被分配到的任务
ロマン ①	【roman】	〈名〉	浪漫色彩
むき ①	【向き】	〈名〉	当真，认真
がんこ ①	【頑固】	〈形动〉	顽固，倔强
オーバー ①	【over】	〈名〉	超过

 **聞く**

四、ドラマの対話を聞いて、内容に合っているものに〇、合っていないものに×をつけなさい。
① 荻原早紀はいいニュースしか聞きたくなかった。
② 藍田光輝が璃子の落とした財布を荻原早紀のところに届けた。
③ 荻原早紀はチーズが大変好きだが、ダイエットのために我慢している。
④ 組織を逆らっても、弱い立場の人を救うのは弁護士の使命だと藍田光輝が信じきっている。

五、ドラマを見ながらその対話を聞いて、正しい答えをそれぞれ①・②・③・④から選んで、〇をつけなさい。
1．藍田光輝がいう「悪いニュース」とは次のどれか。
① 見つかった財布にはもう小銭しか残っていなかった
② 財布にはお金が入っていないので、食事をおごることができない
③ 早紀が財布を見つかることができなかった
④ 財布は見つかったが、小銭がなくなった
2．藍田光輝はなぜ荻原早紀に食事をおごろうとしていたか。
① 荻原早紀に恋愛感情を抱いているから
② 荻原早紀がご飯を食べるお金がないだろうと思っているから
③ 荻原早紀に頼みがあるから
④ 荻原早紀に貸しがあるから
3．ロマンや理想の討論について、藍田光輝の意見は次のどれか。
① ロマンや理想で物事を判断してはいけない
② ロマンや理想を失ってはいけない
③ ロマンや理想を実現するために、金銭や時間をかけてもいい
④ ロマンや理想を持たないほうがいい

六、ドラマの対話を聞きながら、次の文を完成させなさい。
① で、悪いニュースなんだけど、残念だが_____。
② 弱い奴は_____から。強い奴に_____しかないの。
③ 私はそういう_____と思います
④ すみません。食事の時間が_____、失礼します。

 聞いた後

七、聞いた対話のあらすじを日本語で話してみなさい。

B 就職は結婚相手を見つけるための手段

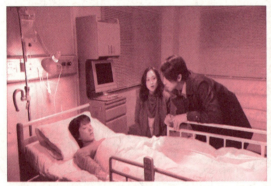 

 聞く前に

一、次の文の下線に入れるのに最も適当なものを①・②・③・④から一つ選んで、○をつけなさい。

1．豊かに暮らそうと思ったら、収入を増やすか、支出を_____か、二つしかありません。
　　① 剥く　　　　　② 下がる　　③ 削る　　④ 除く
2．陽が高くなって真夏の暑さに_____前に、防波堤からひきあげた。
　　① 攻撃される　　② 襲われる　③ 撃たれる　④ 打撃される
3．今回の最終面接で思わしくない結果になったのは、結局、自分の_____がなかったのではないかと思った。
　　① コンプレックス　② プライド　③ ブレーム　④ アピール

二、次の漢字の読み方を書きなさい。
　① 過労［　　　］　② 模擬［　　　］　③ 検査［　　　］
　④ 血液［　　　］　⑤ 独身［　　　］　⑥ 浮気［　　　］

三、次の質問について、あなたの考えや意見を日本語で自由に話してみなさい。
　問：自分の才能に合う仕事は何だろうか、どうやって就職活動で自分をアピールするか。

単語リスト

すいみん ◎	【睡眠】	＜名＞	睡眠
バッテリー ◎①	【battery】	＜名＞	蓄電池
チャージ ①	【charge】	＜名・自サ＞	充（电）
にんげんドック	【人間ドック】	＜名＞	综合体检
こどく ◎	【孤独】	＜名＞	孤独，孤单
じゃくしゃ ①	【弱者】	＜名＞	弱者，无力者
ねらう ③	【狙う】	＜他五＞	瞄准
けんきょ ①	【検挙】	＜名・他サ＞	拘捕
たいしょくきん ⑤	【退職金】	＜名＞	退职金
かんりょう ◎	【官僚】	＜名＞	官吏
いしゃりょう ③	【慰謝料】	＜名＞	精神补偿费
よういくひ ◎	【養育費】	＜名＞	抚养费
ふよう ◎	【扶養】	＜名・他サ＞	抚养

 聞く

四、ドラマの対話を聞いて、内容に合っているものに○、合っていないものに×をつけなさい。
　① 荻原早紀は勉強に没頭し、心身とも疲れたので入院した。
　② 荻原早紀はお金のことを心配しているから、検査を断った。
　③ 藍田光輝は小さい時からに警察の仕事に憧れていた故に、警察官僚になった。
　④ 長部璃子は昔、一流商社に勤め、かなりやり手のキャリアウーマンだった。

五、ドラマを見ながらその対話を聞いて、正しい答えをそれぞれ①・②・③・④から選んで、○をつけなさい。

1．荻原早紀が言った「バッテリーが切れた」の意味は次のどれか
　　① 倒れて入院した　　　　　　　② 電池が切れた
　　③ 疲れて勉強を止めた　　　　　④ お母さんが亡くなった

2．藍田光輝の話によると、警察署長の普段の仕事ではないのは次のどれか。
　　① 自分の署を宣伝する
　　② 部下に発破かけて検挙率を上げる
　　③ 自分の成績を上げて、上司にアピールをする
　　④ 事件の取調べ

3．長部璃子は仕事を探すその目的は次のどれか。
　　① 子供たちの扶養能力を証明する　　② 自分の才能を皆に見せる
　　③ 職場で結婚相手を探す　　　　　　④ 仕事に興味を持っている

六、ドラマの対話を聞きながら、次の文を完成させなさい。
　　① 一人暮らしの＿＿＿＿＿＿＿＿＿＿＿＿＿＿＿＿＿＿＿とかいって。
　　② 最近若い女性が＿＿＿＿＿＿＿＿＿＿＿＿＿＿＿＿＿おこってるし。
　　③ 決まってるじゃない？旦那の浮気を証明して、＿＿＿＿＿＿＿＿＿＿
　　　＿＿＿＿＿＿＿子供たちを引き取るの。
　　④ あんた昔一流商社に勤めてたんだろ。その時の資格とか、コネとかないわけ？
　　　＿＿＿＿＿＿＿＿＿＿＿＿＿、旦那のいる会社にすがるのもしゃくだし。

 聞いた後

七、聞いた対話のあらすじを日本語で話してみなさい。

C 見掛け倒し

 聞く前に

一、次の文の下線に入れるのに最も適当なものを①・②・③・④から一つ選んで、○をつけなさい。

1. 誰とでも＿＿＿＿なく接する姿勢が大切である。
   ① 分別し　　② 合わせ　　③ 切れて　　④ 分け隔て
2. 循環型社会を＿＿＿＿うえで、企業や国民が取り組むべき課題は大きく分けて4つある。
   ① 目をつける　② 目する　　③ 目指す　　④ 目にする
3. 私はちゃんと子供に愛情を＿＿＿＿だろうか。
   ① 注げている　② 流している　③ 加えている　④ 力んでいる

二、次の漢字の読み方を書きなさい。
   ① 弱虫 [　　　]　② 不良 [　　　]　③ 殿様 [　　　]
   ④ 家来 [　　　]　⑤ 陣地 [　　　]　⑥ 戦う [　　　]

三、次の質問について、あなたの考えや意見を日本語で自由に話してみなさい。
   問：挫折したときに、あなたは現実から逃げるのですか、挫けずに困難と戦うのですか。

単語リスト

きりぎりす ③		〈名〉	蝈蝈
むていこう ②	【無抵抗】	〈名・形動〉	不反抗，不抵抗
みかけだおし ④	【見掛け倒し】	〈名〉	徒有其表，华而不实

おくびょう ③	【臆病】	〈名・形动〉	胆小，怯懦
ゆうき ①	【勇気】	〈名〉	勇气
ぼうりょく ①	【暴力】	〈名〉	暴力
シャッター ①	【shutter】	〈名〉	百叶窗，快门
ひげ ◎	【卑下】	〈名・自他サ〉	自卑，鄙视

 聞く

四、ドラマの対話を聞いて、内容に合っているものに○、合っていないものに×をつけなさい。

① 女の子の前で暴力を振るってはいけないと思ったため、藍田光輝は不良グループの前では無抵抗だった。
② 警察になってから、藍田光輝はどんどん強くなってきた。
③ 荻原早紀は９年も司法試験に落ちたから、落ち込んですごく悩んでいる。
④ 荻原早紀は藍田光輝と友達になったことに後悔した。

五、ドラマを見ながらその対話を聞いて、正しい答えをそれぞれ①・②・③・④から選んで、○をつけなさい。

1．藍田光輝はだれに見掛け倒しと呼ばれたか。
　① 荻原早紀　　② 長部璃子　　③ 同僚　　④ 元彼女

2．荻原早紀が思う藍田光輝のイメージと合わないものは次のどれか。
　① 優しくて、強い人
　② 愛をいっぱい注げる人
　③ 誰とでも分け隔てなく向き合える人
　④ 弱虫、見掛け倒し

3．荻原早紀さんは藍田光輝さんと友達になりたかった理由は次のどれか。
　① 自分の生き方を一番理解してくれたため。
　② 警察官だから、一緒にいると安心感があるため。
　③ 藍田光輝はイケメンだから。
　④ 藍田光輝は弱虫だから、守ってあげたいため。

六、ドラマの対話を聞きながら、次の文を完成させなさい。
　① 殴られるのが怖いもんだから、＿＿＿＿＿＿＿＿＿＿、許してもらった。

② 警察官僚になったのだって、制服着てればそれがバレないと思ったからで、＿＿＿＿＿＿＿＿＿＿＿＿＿＿＿＿＿＿＿＿＿安全な陣地にいるけど。
③ 私だって、何で９年も司法試験に落ちたのかまだ分かんないし、でも、将来のことを不安に思って＿＿＿＿＿＿＿＿＿＿＿＿＿＿＿＿＿＿＿＿＿＿＿？
④ あなたは頭ごなしに、私の生き方を否定しなかった。一番先に興味を持って、理解してくれた。あなたは＿＿＿＿＿＿＿＿＿＿＿＿＿＿＿＿＿＿。

聞いた後

七、聞いた対話のあらすじを日本語で話してみなさい。
＿＿＿＿＿＿＿＿＿＿＿＿＿＿＿＿＿＿＿＿＿＿＿＿＿＿＿＿＿＿＿＿＿＿＿
＿＿＿＿＿＿＿＿＿＿＿＿＿＿＿＿＿＿＿＿＿＿＿＿＿＿＿＿＿＿＿＿＿＿＿
＿＿＿＿＿＿＿＿＿＿＿＿＿＿＿＿＿＿＿＿＿＿＿＿＿＿＿＿＿＿＿＿＿＿＿
＿＿＿＿＿＿＿＿＿＿＿＿＿＿＿＿＿＿＿＿＿＿＿＿＿＿＿＿＿＿＿＿＿＿＿

Ⅱ ニュースの視聴

 聞く前に

一、次の文の下線に入れるのに最も適当なものを①・②・③・④から一つ選んで、○をつけなさい。

1. 二十年前まではこの辺は田圃ばかりだったが、今では高層ビルが_____アメリカのマンハッタンを彷彿させる世界有数な金融街になった。
   ① 立ち回る　　② 立ち尽くす　　③ 立ちすくむ　　④ 立ち並ぶ

2. 定年退職になった父は連日家で不慣れな家事と_____し、母の苦労を身をもって体験することができた。
   ① 滅茶苦茶　　② 悪戦苦闘　　③ 悪事千里　　④ 対応苦慮

3. 子宝に_____のはもちろんうれしいが、これから増えていく家庭の負担を思うと、むしろ憂鬱になる一方だ。
   ① 産まれた　　② 取られた　　③ 恵まれた　　④ 当たった

二、次の漢字の読み方を書きなさい。
　　① 屋上 [　　　]　　② 連休 [　　　]　　③ 庭園 [　　　]
　　④ 水田 [　　　]　　⑤ 歓声 [　　　]　　⑥ 豊作 [　　　]

三、次の質問について、あなたの考えや意見を日本語で自由に話してみなさい。
　　問：普段、自然と触れ合うチャンスは多いですか。子ども時代に、公園など野外で遊んで楽しかった記憶を思い出して語ってみなさい。

単語リスト

おくじょう ◎	【屋上】	〈名〉	屋顶 楼顶
ていえん ◎	【庭園】	〈名〉	庭园
いね ①	【稲】	〈名〉	稻子，水稻
かる ◎	【刈る】	〈他五〉	割，收割
れんきゅう ◎	【連休】	〈名〉	连续的假期
すいでん ◎	【水田】	〈名〉	水田
くらす ◎	【暮らす】	〈他五〉	生活，过日子
たちならぶ ◎④	【立ち並ぶ】	〈自五〉	排列，并列，林立
かま ①	【鎌】	〈名〉	镰刀
あくせんくとう ◎	【悪戦苦闘】	〈四字熟語〉	搏斗；艰苦奋斗

かんせい ◎	【歓声】	〈名〉	欢声笑语
てんこう ◎	【天候】	〈名〉	天气，气候
れいねん ◎	【例年】	〈名〉	每年，历年
ほうさく ◎	【豊作】	〈名・サ変〉	丰收
しゅうかく ◎	【収穫】	〈名・サ変〉	收割，收获
もちつき ④②	【餅つき】	〈名〉	捣年糕

 聞く

四、ニュースの内容に合っているものに〇、合っていないものに×をつけなさい。
① 三連休の最初の日、六本木ヒルズのそばにある庭園で、親子連れはイチゴ狩りを体験した。
② 鎌を使った昔の方法で稲刈りが行われたとはいえ、子どもたちは非常に慣れた手つきで作業を楽しんでいた。
③ 都会で暮らす子供たちは普段、自然と触れ合うチャンスが少ないので、このような体験は非常に貴重といえる。
④ 今回収穫したもち米を使って来年の1月に餅つき大会が行われる予定である。

五、ニュースを聞いて、正しい答えをそれぞれ①・②・③・④から選んで、〇をつけなさい。
1．三連休を利用して、六本木ヒルズの屋上庭園の水田で、親子連れは_____を体験した。
　　① イチゴ狩り　　② 稲刈り　　③ 潮干狩り　　④ 紅葉狩り
2．本木ヒルズで行われた今回の体験活動に参加してくれた親子を合わせて全部はおよそ_____人。
　　① 45　　　　　② 240　　　　③ 110　　　　④ 140
3．今年は天気がよかったため、例年にない_____で、お米がかなりとれた。
　　① 豊作　　　　② 凶作　　　　③ 傑作　　　　④ 駄作

六、ニュースを聞きながら、次の文を完成しなさい。
① 19日、六本木ヒルズの屋上庭園にある水田では、_____体験しました。
② 地上およそ45メートル、_____に作られ

た水田では、近くに住む親子らおよそ140人が参加して、稲刈り体験が行なわれました。

③ 稲刈りは＿＿＿＿＿＿＿＿＿＿＿＿＿＿＿＿で行なわれ、子どもたちは慣れない作業に悪戦苦闘していました。

④ ＿＿＿＿＿＿＿＿＿＿＿＿＿＿＿＿＿＿＿大都会の子どもたちにとっては貴重な体験になったようで、稲を刈るたびに大きな歓声が上がっていました。

⑤ 今年は＿＿＿＿＿＿＿＿＿＿＿＿＿＿＿＿＿＿だと言うことで、来年1月には収穫したもち米を使った餅つき大会も予定されています。

 聞いた後

七、聞いたニュースのあらすじを日本語で話してみなさい。

第十二課
ルーズヴェルトゲーム

I ドラマのシーンの視聴

あらすじ

　経営危機に直面している中堅部品メーカー「青島製作所」の細川社長はリストラ案の一つとして青島製作所野球部の廃部を提案する。
　会社を守るためにはどんな手段も使うという細川のもと、会社は着々とリストラを進め、生き残るためにコストカットをまい進していく。
　これは倒産寸前にまで追いつめられた会社の中、必死にもがき奮闘し、最後の最後までボールを追い続けた男たちの逆転に次ぐ逆転の物語である。

A 経営の危機

聞く前に

一、次の文の下線に入れるのに最も適当なものを①・②・③・④から一つ選んで、○をつけなさい。

1. さらに＿＿＿＿＿をかけたのは、洋平を可愛がってくれた祖母の死でした。
   ① 拍車　　　② 追い越し　　　③ 追い討ち　　　④ 迷惑

2. 去年に友人から絶交を＿＿＿＿＿、そのことで今年は色んなストレスを抱えてきた。
   ① 言いつけられ　② 言い渡され　③ 話され　　④ 話しかけられ

3. そんな不満が、僕の中にはもう長いこと＿＿＿＿＿いたのだった。
   ① 抱えて　　② うずまって　　③ とじこもって　④ くすぶって

二、次の漢字の読み方を書きなさい。
　　① 融資 [　　　]　② 不正 [　　　]　③ 続行 [　　　]
　　④ 奮闘 [　　　]　⑤ 挽回 [　　　]　⑥ 梱包 [　　　]

三、次の質問について、あなたの考えや意見を日本語で自由に話してみなさい。
　　問：今までの人生の中で、何かの危機に見舞われた瞬間がありますか。

単語リスト

あいつぐ①	【相次ぐ】	〈自五〉	相继，接连不断
かたむく③	【傾く】	〈自五〉	傾向，具有某种傾向
おいうち◎	【追い討ち】	〈名〉	追讨，进一步冲击
メインバンク①+①	【main bank】	〈名〉	主要銀行
とりやめ◎	【取り止め】	〈名〉	停止，不再做下去
いいわたす④	【言い渡す】	〈他五〉	宣告，以口头形式告知
けったく◎	【結託】	〈名・自サ〉	勾结，合谋，串通
はいぶ◎	【廃部】	〈名〉	撤销部门
エキシビジョン④	【exhibition】	〈名〉	展示，表演
マッチ①	【match】	〈名〉	比赛
しいる②	【強いる】	〈他一〉	強迫，迫使
そこぢから③◎	【底力】	〈名〉	潜力
ツーアウト	【two out】	〈名〉	两人出局

スライダー ②◎	【slider】	〈名〉	外侧旋转球
さえわたり ②	【冴え渡り】	〈名・形动〉	清澈，周围一片晴朗
レギュラー ①	【regular】	〈名〉	正式选手
くすぶる ③	【燻る】	〈自五〉	烟熏；埋没
ちょうかい ◎	【懲戒】	〈名・他サ〉	惩戒，制裁
かいこ ①	【解雇】	〈他サ〉	解雇
じくじ ①	【忸怩】	〈形動タリ〉	内心羞愧
しぶとい ③		〈形〉	顽强，倔强

 聞く

四、ドラマを見ながらその対話を聞いて、内容に合っているものに○、合っていないものに×をつけなさい。
　① 青島製作所は今赤字になっている。
　② イツワ電気とジャパニクスはみな青島製作所のライバル会社である。
　③ 細川社長はジャパニクスの要求をのんだ。
　④ ジャパニクスは青島製作所を倒産させたい。

五、ドラマを見ながらその対話を聞いて、正しい答えをそれぞれ①・②・③・④から選んで、○をつけなさい。
1．青島製作所は主に何を作る会社ですか。
　① カメラ　　② テレビ　　③ 精密機器　　④ 野球関連商品

2．青島製作所が今経営危機に陥った原因は何ですか。違うものを選んでください。
　① 銀行融資の中止　　② 取引先からの値下げ要求
　③ 生産調整　　　　　④ 野球部の敗退
3．ジャパニクスが提示した条件は何ですか。
　① 銀行の融資課長の懲戒解雇
　② 銀行の融資課長をマニラへ出向させる
　③ 銀行融資の取りやめ
　④ 8割の減産と値下げ

六、ドラマの対話を聞きながら、次の文を完成させなさい。

① それはライバル会社であるイツワ電気と大口取引先であるジャパニクスが結託し、裏で_____ことだった。

② 製造部の予想以上の奮闘に_____野球部、しかし、徐々に底力を発揮し挽回する。

③ でも、おかしくないすか。そんな奴が何で_____だよ。

④ そういう_____をシャーシャーと言うもんだから、その何とかかんいう融資課長は即座にマニラあたりの企業に出向になったと聞きましたよ。

 聞いた後

七、聞いた対話のあらすじを日本語で話してみなさい。

___
___
___
___

B 初対面

 聞く前に

一、次の文の下線に入れるのに最も適当なものを①・②・③・④から一つ選んで、〇をつけなさい。

1．なかなか勉強をする気になれません。明日やろう夜やろうとだんだん_____にする間に今に至ります。
　　① 先延ばし　　　② 後回し　　　③ 延期　　　④ 先回り

2．室内で暮らす犬は、気温の変化や外敵に_____ストレスが少なく、のんびりした毎日を送っています。
　　① たたかう　　　② おびえる　　　③ こわがる　　　④ おびやかす

3．夏休みの間、顔のほほとあごを部分やせしたいです。学校でデブとよく言われているので_____たいです。
　　① みつめ　　　② みちがえ　　　③ みかけ　　　④ みかえし

二、次の漢字の読み方を書きなさい。
　　① 発揮 [　　　　] ② 延命 [　　　　] ③ 暴言 [　　　　]
　　④ 存続 [　　　　] ⑤ 徹底 [　　　　] ⑥ 解雇 [　　　　]

三、次の質問について、あなたの考えや意見を日本語で自由に話してみなさい。
　　問：あなたの座右の銘は何ですか。その理由は何ですか。

単語リスト

ひきいる ③	【率いる】	〈他一〉	率领，指挥
ピッチャー ①	【pitcher】	〈名〉	投手
しろうと ①	【素人】	〈名〉	外行，门外汉
イズム ①		〈名〉	主义，学说
はいたい ◎	【敗退】	〈自サ〉	败退，败北
さきのばし ◎③	【先延ばし】	〈他サ〉	延迟，退后
かけ ②	【賭け】	〈名〉	赌钱，赌博
ふざける ③		〈自一〉	开玩笑
おびえる ◎③	【怯える】	〈自一〉	害怕，胆怯
じょうとう ◎	【上等】	〈形動〉	上等，状态优良
みかえす ◎③②	【見返す】	〈他五〉	争气，自强

| めんじる ◎③ | 【免じる】 | 〈他一〉 | 考慮到……而特此允許 |
| ふくらむ ◎ | 【膨らむ】 | 〈自五〉 | 漲大，膨脹 |

 聞く

四、ドラマの対話を聞いて、内容に合っているものに〇、合っていないものに×をつけなさい。

① 細川と大道は偶然社員食堂で会った。
② 大道は青島製作所野球部の監督だ。
③ 野球部が負け続けたので、大道は細川に怒られた。
④ 次の大会で敗退が決まった時点で、野球部を廃部にする。

五、ドラマを見ながらその対話を聞いて、正しい答えをそれぞれ①・②・③・④から選んで、〇をつけなさい。

1．細川は誰と会うために社員食堂に行ったのですか。
　① 大道　　② 三上部長　　③ 青島会長　　④ 野球部の部員
2．大道を青島製作所野球部の監督に任命したのは誰ですか。
　① 細川社長　　　　　　② 青島会長
　③ 三上部長　　　　　　④ 若社長
3．青島製作所野球部の廃部を先延ばしにした理由は何ですか。
　① 野球部の勝つところを見たい　　② 野球部を存続させたい
　③ 青島会長との賭けに負けた　　　④ 細川社長のイズム

六、ドラマの対話を聞きながら、次の文を完成させなさい。
① ＿＿＿＿＿＿＿＿＿＿＿＿＿＿としてどのようなお考えをお持ちなのか。
② あんたにとっちゃ、＿＿＿＿＿＿＿＿＿＿＿、仕方なく存続させてる、ちっぽ＿＿＿＿＿けで、つまらない野球部かもしれないけど。
② 青島会長が＿＿＿＿＿＿＿＿＿、私への暴言を聞かなかったことにします。
③ 最近社内で野球部の存続に対し、＿＿＿＿＿＿＿＿＿＿＿ようでね。

 聞いた後

七、聞いた対話のあらすじを日本語で話してみなさい。

Ｃ コンペ

 聞く前に

一、次の文の下線に入れるのに最も適当なものを①・②・③・④から一つ選んで、〇をつけなさい。

1．あなたが話したくないことを、わたしは＿＿＿＿＿聞こうとは思わない。
　　① まして　　　② ぜんぜん　　　③ しいて　　　④ あえて

2．何でこんな人と結婚したんだろって。自分の身に＿＿＿＿＿考えてみてください。みなさんだったら、どういう気分になりますか？
　　① 置き換えて　② 入れ替えて　　③ 交換して　　④ 換わって

3．みなさんもどうぞ挑戦していただきたい。きっと期待に＿＿＿＿＿くれるような素晴らしい世界が待っているはずである。
　　① 満足して　　② 添って　　　　③ 応じて　　　④ 応えて

二、次の漢字の読み方を書きなさい。
　① 搭載 [　　　　] 　② 検証 [　　　　] 　③ 互角 [　　　　]
　④ 動画 [　　　　] 　⑤ 風土 [　　　　] 　⑥ 次元 [　　　　]

三、次の質問について、あなたの考えや意見を日本語で自由に話してみなさい。
　問：買い物する時、あなたは値段と品質どちらが大事だと思っていますか。

単語リスト

モデル ①◎	【model】	〈名〉	模型，机型；模范；模特
イメージセンサ	【image sensor】	〈名〉	图像传感器
コンペ ①	【competition】	〈名〉	竞赛
せんにゅうかん ◎	【先入観】③	〈名〉	先入之见，成见
あえて ①	【敢えて】	〈副〉	故意，特地
けんしょう ◎	【検証】	〈他サ〉	验证
ごかく ◎	【互角】	〈形動〉	水平相当，势均力敌
ユーザー ①◎	【user】	〈名〉	用户，客户
スクリーン ③	【screen】	〈名〉	屏幕
コンセプト①③	【concept】	〈名〉	概念
ナイトシーン ④	【night scene】	〈名〉	夜景
ノイズ ①◎	【noise】	〈名〉	噪音，杂音
じげん ◎	【次元】	〈名〉	次元，层次
おきかえる④③◎	【置き換える】	〈他一〉	置换，替换
いちがんレフ⑤⑤②	【一眼レフ】	〈名〉	单镜头反光相机

 聞く

四、ドラマを見ながらその対話を聞いて、内容に合っているものに○、合っていないものに×をつけなさい。
　① EDEN4は青島製作所のカメラの最新モデルである。
　②コンペに参加したのは青島製作所とイツワ電器である。
　③イメージセンサーにおいて青島製作所とイツワ電器はほとんど差はない。
　④ コンペに勝ったのは青島製作所である。

五、ドラマを見ながらその対話を聞いて、正しい答えをそれぞれ①・②・③・④から選んで、○をつけなさい。

1. 公開コンペを行う原因は何ですか。
   ① カメラの最新モデル EDEN4 の画質のよさを検証するため
   ② カメラの最新モデル EDEN4 のコストを下げるため
   ③ 最新モデル EDEN4 に搭載するイメージセンサーをどの会社のものに決めるため
   ④ 最新モデル EDEN4 に搭載するイメージセンサーの性能を検証するため

2. イツワ電器より青島製作所はどの点において優れているのですか。
   ① コスト　　　　　　　　② スクリーンの大きさ
   ③ 静止画の画質　　　　　④ 動画の画質

3. 青島製作所よりイツワ電器のメリットは何ですか。
   ① スクリーンがもっと大きい
   ② コストがもっと安い
   ③ 静止画を撮影する時、画面がもっと鮮明である
   ④ 動画を撮影する時、画面がもっと鮮明である

六、ドラマの対話を聞きながら、次の文を完成させなさい。
   ① _____ ためあえて社名を隠したままで検証を行います。
   ② _____ なら、やはりコストの安いイツワにすべきじゃないですか。
   ③ 確かに画質という点においては_____。だが、わが社のイメージセンサーならば6割のコストでお届けできるということをお忘れなく、6割ですよ。
   ④ まさに一眼レフで映画が撮れるというコンセプト、我々の_____青島の性能をその目でよく見たまえ。

 聞いた後

七、聞いた対話のあらすじを日本語で話してみなさい。

Ⅱ ニュースの視聴

 聞く前に

一、次の文の下線をつけた言葉は、どのような漢字を書くか、それぞれ①・②・③・④から選んで、〇をつけなさい。

1．今日出席した人はほとんど40代こうはんです。
　　① 後期　　　② 以降　　　③ 以後　　　④ 後半
2．こんなに証拠があるのだから、彼が犯人であることはあきらかだ。
　　① 昭らか　　② 明らか　　③ 確らか　　④ 鮮らか
3．出かける時、いつも電車やバスなどの交通きかんを利用している。
　　① 機器　　　② 器管　　　③ 機関　　　④ 器関
4．この件に関しては、すみやかに対策を立てる必要がある。
　　① 速やか　　② 朗らか　　③ 早やか　　④ 快やか

二、次の漢字の読み方を書きなさい。
　　① 個人情報 [　　　　]　② 相次ぐ [　　　　]
　　③ 口座番号 [　　　　]　④ 速やか [　　　　]
　　⑤ 金融機関 [　　　　]　⑥ 攻撃　 [　　　　]

三、次の質問について、あなたの考えや意見を日本語で自由に話してみなさい。
　　問：あなたの個人情報が漏れたことがありますか。その時、どうすればいいですか。

単語リスト

ヤフー ②		〈名〉	雅虎
サイバー ①		〈名〉	赛伯，网络
アカウント ②		〈名〉	账号，用户号
パスワード ③		〈名〉	密码
よびかける ④	【呼びかける】	〈他一〉	号召，呼吁
しえん ◎①	【支援】	〈名・他サ〉	支援
ハッカー ①		〈名〉	黑客
たいりょう ◎	【大量】	〈名・形動〉	大量
ケース ①		〈名〉	事例，案件
あいつぐ ①	【相次ぐ】	〈自五〉	接连不断

聞く

四、ニュースの内容に合っているものに〇、合っていないものに×をつけなさい。

① アメリカのヤフーはサイバー攻撃を受けました。
② 盗まれたアカウント情報は50億件に達しました。
③ ヤフーの利用者の名前・メールアドレス・電話番号・生年月日などの個人情報ばかりでなく、クレジットカードの番号や銀行の口座番号など全部盗まれた。
④ ヤフーは利用者にパスワードを変更するよう呼びかけています。

五、ニュースを聞いて、正しい答えをそれぞれ①・②・③・④から選んで、〇をつけなさい。

1. アメリカのヤフーはいつサイバー攻撃を受けましたか。
   ① 22日　　　　　　　② 去年の後半
   ③ おとといの後半　　④ おととし
2. ヤフーの利用者は次のどのアカウント情報が盗まれました。
   ① 利用者の名前・メールアドレス・電話番号・銀行口座番号
   ② 利用者のクレジットカードの番号と銀行の口座番号
   ③ 利用者の名前・クレジットカードの番号・銀行の口座番号
   ④ 利用者の名前・メールアドレス・電話番号・生年月日

3．ヤフーの利用者はサイバー攻撃を受け、盗まれたアカウント情報が何件に達しましたか。
　① 50億件、過去最高　　　② 数え切れない
　③ 5億件、過去最高　　　④ 分からない

六、ニュースを聞きながら、次の文を完成しなさい。
　① 盗まれたアカウント情報は少なくとも_____に_____、利用者の名前・_____・_____・生年月日などの個人情報が含まれています。
　② _____の番号や銀行の_____などは今のところ盗まれたことは確認されていないとしています。
　③ おととし以降、_____すべての利用者にも変更を呼びかけています。
　④ サイバン攻撃は_____を受けた_____と見られるということで、捜査機関が調べているとしています。
　⑤ _____がサイバン攻撃を受けて、大量の個人情報が盗まれるケースが_____。

 聞いた後

七、聞いたニュースのあらすじを日本語で話してみなさい。

第十三課 相棒

I ドラマのシーンの視聴

あらすじ

　警視庁に存在する窓際部署である「特命係」に所属する、東大法学部卒の優秀なキャリア組でありながらも、その変人ぶりが災いして出世コースから外れた警部・杉下右京と、事件で失態を演じたためリストラ対象にされた上に、右京と組まざるを得なくなった巡査部長・亀山薫の2人の活躍を描く。能力自体は一目置かれるが、手柄は大抵は右京によって捜査一課など事件の主導を握る部署のものとなり、特命係に正当な評価は与えられることはほとんどない。特に依頼されない限りは仕事は与えられないが、大抵は自ら積極的に捜査に乗り出して、数々の事件を解決している。

A 所持品の謎

 聞く前に

一、次の文の下線に入れるのに最も適当なものを①・②・③・④から一つ選んで、○をつけなさい。

1. それが「縁」という考え方だ。「袖＿＿＿＿も他生の縁」である。
   ① うち合わす　② 交う　③ 返す　④ すり合う

2. 穴倉のような部屋に閉じ籠っていると気が＿＿＿＿ばかりなので、早く出かけたいという気持もあった。
   ① 散る　② 進む　③ 滅入る　④ 揉める

3. 部屋には新品のセーターやスカートが＿＿＿＿に散乱している。姉は、いつもそうだ。買って来た物に、すぐに興味を失う。
   ① 無是非　② 無取捨　③ 無造作　④ 無断常

二、次の漢字の読み方を書きなさい。
   ① 所轄 [　　] ② 泥酔 [　　] ③ 溺死 [　　]
   ④ 切迫 [　　] ⑤ 奔放 [　　] ⑥ 斬新 [　　]

三、次の質問について、あなたの考えや意見を日本語で自由に話してみなさい。
   問：事故と事件の違いについて、どう思いますか。

単語リスト

ガキ ②①	【餓鬼】	〈名〉	〈佛〉饿鬼；小孩，小鬼
ふみだい ◎	【踏み台】	〈名〉	脚搭子，凳子；垫脚石
けいじ ①	【刑事】	〈名〉	刑事；刑事警察，刑警
けいしちょう ③	【警視庁】	〈名〉	（东京）警视厅
ほとけ ◎③	【仏】	〈名〉	佛；死者，亡魂
すれちがう ④◎	【擦れ違う】	〈自五〉	交错，错过去；擦肩而过
うんち ①		〈名・自サ〉	大便
しょじひん ◎	【所持品】	〈名〉	随身携带的物品
ちぐはぐ ①◎		〈名・形动〉	不配对；不协调；乱套
むぞうさ ②	【無造作】	〈名・形动〉	简单，容易；随手，随意

聞く

四、ドラマを見ながらその対話を聞いて、内容に合っているものに〇、合っていないものに×をつけなさい。
　① 亀山は毎朝テレビニュースを見ています。
　② 亀山は亡くなった三木と昨日トイレですれ違った。
　③ 三木の内ポケットには財布がきちんと収まっていた。
　④ 三木は無造作な性格の持ち主だったと杉下は思っている。

五、ドラマを見ながらその対話を聞いて、正しい答えをそれぞれ①・②・③・④から選んで、〇をつけなさい。
1．亀山と美和子はどんな関係だと思いますか。
　　① 新婚夫婦　　② 先輩後輩　　③ 親しい友人　　④ 同棲カップル
2．三木の背広の内ポケットには何が入っていますか。
　　① 財布　　② 定期入れ　　③ 名刺入れ　　④ 鍵
3．三木の所持品の入った状態は何を意味していると思われますか。
　　① 三木は酒に酔いつぶれて川で溺れ死んだ
　　② 何者かが三木の所持品をあらためたうえ戻した
　　③ 三木は所持品をあらためたうえ投身自殺をした
　　④ 三木はいつも無造作に所持品をポケットに入れている

六、ドラマの対話を聞きながら、次の文を完成させなさい。
　① 川で溺れ死んだみたいんですね。なんだか＿＿＿＿＿＿＿＿＿＿なあ。たかが便所ですれ違っただけとはいえ、死なれちゃうとね…。
　② その＿＿＿＿＿＿＿＿＿＿というのが、実は何者かに追われていたからだということは考えられませんか？
　③ 斬新です。しかし、まったく＿＿＿＿＿＿＿＿＿＿ではありません。むしろ＿＿＿＿＿＿＿＿＿＿です。
　④ いくら自由とはいえ、本人が＿＿＿＿＿＿＿＿＿＿こんなメチャクチャな入れ方をするとは思えませんよ。

 聞いた後

七、聞いた対話のあらすじを日本語で話してみなさい。

B 美人秘書の示唆

 聞く前に

一、次の文の下線に入れるのに最も適当なものを①・②・③・④から一つ選んで、〇をつけなさい。

1．助けてほしいと言うのは、自分の無能を_____ようなものだ。
　① 売り出す　　② さらけだす　　③ 突き出す　　④ 照らし出す
2．嫁が姑に_____時代はとっくに終わりました。
　① 仕える　　② 使える　　③ 伺える　　④ 与える
3．抱えた大きな問題ということに着眼すると、_____自分の進むべき道がクリアになる。
　① おのずと　　② かたわら　　③ なんとか　　④ なるべく

二、次の漢字の読み方を書きなさい。
① 備品 [   ]　② 隅々 [   ]　③ 不倫 [   ]
④ 手間 [   ]　⑤ 降格 [   ]　⑥ 動議 [   ]

三、次の質問について、あなたの考えや意見を日本語で自由に話してみなさい。
問：秘書と警察官は同じ適職性を求められるようですが、どんな性格が秘書と警察官という職業に向いていると思いますか。

単語リスト

おまけに ◎	【御負けに】	〈副〉	又加上，而且，况且，加之
しぶつ ◎	【私物】	〈名〉	私人物品
へんてつ ◎	【変哲】	〈名・形動〉	出奇，奇特，与众不同
むきだし ◎	【剥き出し】	〈名・形動〉	露出，裸露；毫不掩饰，赤裸
ふりん ◎	【不倫】	〈名・形動〉	违背人伦，婚外恋，婚外情
さらけだす ④	【曝け出す】	〈他五〉	暴露，完全露出；揭露，揭穿
きょしゅ ①	【挙手】	〈名・自サ〉	纠缠；缠住
クーデター ③	【coup d'etat】	〈名〉	政变，武装政变，军事政变
しゅぼうしゃ ②	【首謀者】	〈名〉	主谋
ぬう ①	【縫う】	〈他五〉	缝，缝合；刺绣，绣
れいじょう ◎	【令状】	〈名〉	命令文件；搜查令
ばってき ◎	【抜擢】	〈名・他サ〉	提拔，提升，选拔

聞く

四、ドラマの対話を聞いて、内容に合っているものに〇、合っていないものに×をつけなさい。
① 半年前までは三木は社長の秘書だった。
② 半年前にこの会社で社長更迭のクーデターがあった。
③ 一年ほど前までは、岩崎は三木と不倫関係にあった。
④ 今の社長は女好きだから、岩崎を社長秘書に抜擢した。

五、ドラマを見ながらその対話を聞いて、正しい答えをそれぞれ①・②・③・④から選んで、〇をつけなさい。
1．今の映像はどんな性質の対話ですか。
　　① 会社訪問　　② 事情聴取　　③ 取調べ　　④ インタビュー
2．警官の質問に対して、岩崎はどんな態度を示しましたか。
　　① 消極的な態度　　　② 積極的な態度
　　③ 抵抗的な態度　　　④ 協力的な態度
3．半年前のクーデターは誰が起こしたのですか。
　　① 岩崎次長　　　　　② 現在の社長
　　③ 三木室長　　　　　④ 中曽根前社長

六、ドラマの対話を聞きながら、次の文を完成させなさい。
　　① むき出しの_____と、時々見せる_____が魅力的でした。
　　② 不自由な関係のうちは_____のに、自由になった途端、なんだかお互いに_____。一年ほど前です、別れたのは。
　　③ それからは仕事の_____でした。お互い、それこそ心も体も隅々まで知り合った上司と部下ですから。
　　④ そのクーデターの首謀者が現在、あなたの_____社長さん？

 聞いた後

七、聞いた対話のあらすじを日本語で話してみなさい。

 C 突き止める

 聞く前に

一、次の文の下線に入れるのに最も適当なものを①・②・③・④から一つ選んで、○をつけなさい。

1. 二人に対してどちらにも_____いないという公平な姿勢を保つ。
　　① 加担して　　② 負担して　　③ 分担して　　④ 連担して
2. ありがたい台詞がまたとない力になった。_____に言う、元気な時の鯛よりも貧しい時の鰯一匹。落ち目の彼には百万の味方だ。
　　① 御世話　　② 浮世話　　③ 生世話　　④ 下世話
3. 彼女は火をおこして、塩魚の切身を焼いてくれた。逆らわないのが一番と、自分で_____いる様子だった。
　　① 観念して　　② 懸念して　　③ 思念して　　④ 執念して
4. 彼は、勉強もよくできる、有能な偏差値人間だが、異性にはたいして興味がなく、三十歳を過ぎた時に、仕方なく母親が_____お見合いで結婚した。
　　① 入り組んだ　　② 切り組んだ　　③ 仕組んだ　　④ 取り組んだ

二、次の漢字の読み方を書きなさい。
　　① 盲点 [　　　　] ② 大物 [　　　　] ③ 邪推 [　　　　]
　　④ 出頭 [　　　　] ⑤ 隠匿 [　　　　] ⑥ 収賄 [　　　　]
　　⑦ 任意 [　　　　] ⑧ 抜群 [　　　　] ⑨ 妊娠 [　　　　]

三、次の質問について、あなたの考えや意見を日本語で自由に話してみなさい。
　　問：刑事は、日本においては、警察官のうち私服（基本は背広だが必要に応じて他の服も着用）で捜査活動を専門に行う者の俗称。刑事という職業についてどう思いますか。

単語リスト

こくはく ◎	【告白】	〈名・他サ〉	告白，坦白
じゃすい ◎	【邪推】	〈名・他サ〉	胡乱猜測
みがわり ◎	【身代わり】	〈名〉	代替別人（当牺牲品）；替身
しゅっとう ◎	【出頭】	〈名・自サ〉	出面，出庭等，投案
かたん ◎	【加担】	〈名・自サ〉	支持，袒护；参与
どうこう ◎	【同行】	〈名・自サ〉	同行，一起走，一起去
にんい ①◎	【任意】	〈名・形动〉	任意；随意；自愿
センス ①	【sense】	〈名〉	感覚；审美能力
ばつぐん ◎	【抜群】	〈名・形动〉	超群，出类拔萃
かかと ◎	【踵】	〈名〉	脚后跟；鞋后跟
くちべに ◎	【口紅】	〈名〉	口红，唇膏
げせわ ◎	【下世話】	〈名・形动〉	俗语，俗
かんねん ①	【観念】	〈名・他サ〉	断念，死心，不抱希望；认清

 聞く

四、ドラマを見ながらその対話を聞いて、内容に合っているものに○、合っていないものに×をつけなさい。
　① 岩崎は三木の遺体の所持品をわざと不自然に戻した。
　② 警察の目はそれまでずっと平沼社長に向かっていた。
　③ 平沼社長が三木を殺したことを篠塚氏は知っているつもりでいた。
　④ 平沼社長は汚職の証拠資料を三木に握られたので、三木を殺した。

五、ドラマを見ながらその対話を聞いて、正しい答えをそれぞれ①・②・③・④から選んで、○をつけなさい。
1. 何が「一種の盲点」だったのですか。
　① 警察は三木の部屋を調べたこと

② 岩崎秘書は自ら不倫の事実を告白したこと
　　③ 岩崎秘書の言葉を社長の意向として受けとめていたこと
　　④ 三木の遺体の所持品があまりに不自然に戻されていたこと
２．杉下の推理に合っているのは次のどれですか。
　　① 平沼社長は三木を殺した
　　② 岩崎秘書は三木を殺した
　　③ 岩崎秘書は社長の殺人犯罪に加担した
　　④ 篠塚氏は社長と取引をして三木を殺した
３．今回の事件を解く鍵はどんなことですか。
　　① 岩崎秘書が妊娠していたこと
　　② 篠塚氏が身代わりで出頭したこと
　　③ 平沼社長が篠塚氏と取引したこと
　　④ 岩崎秘書が自ら不倫の事実を告白したこと

六、ドラマの対話を聞きながら、次の文を完成させなさい。
　　① 今回の一件はすべてあなたが勝手にやった。…違いますか？みんな、あなたに＿＿＿＿＿＿＿＿＿＿＿＿＿＿＿＿＿＿＿＿いた。もちろん、僕もです。
　　② 三木さんの遺体の所持品があまりに不自然に戻されていたのは、警察に今回の事件の背景を＿＿＿＿＿＿＿＿＿＿＿＿＿＿＿＿＿＿＿＿ため。
　　③ 平沼社長が犯人でないならば、あなたに＿＿＿＿＿＿＿＿＿＿＿＿＿など適用されません。
　　④ だから男は＿＿＿＿＿＿＿＿＿＿…！髪を切れば失恋したのか。口紅を変えたら男が変わったんだろう。いちいち女の変化に＿＿＿＿＿＿＿をつけたがる。

 聞いた後

七、聞いた対話のあらすじを日本語で話してみなさい。
　　＿＿＿＿＿＿＿＿＿＿＿＿＿＿＿＿＿＿＿＿＿＿＿＿＿＿＿＿＿＿＿＿
　　＿＿＿＿＿＿＿＿＿＿＿＿＿＿＿＿＿＿＿＿＿＿＿＿＿＿＿＿＿＿＿＿
　　＿＿＿＿＿＿＿＿＿＿＿＿＿＿＿＿＿＿＿＿＿＿＿＿＿＿＿＿＿＿＿＿
　　＿＿＿＿＿＿＿＿＿＿＿＿＿＿＿＿＿＿＿＿＿＿＿＿＿＿＿＿＿＿＿＿

D 観念白状

 聞く前に

一、次の文の下線に入れるのに最も適当なものを①・②・③・④から一つ選んで、○をつけなさい。

1. 私が過去に犯した過ちはもう＿＿＿＿＿ことはできない。でもこれからは私にできることはなんでもしようと思う。
   ① 商う　　　② 扱う　　　③ 償う　　　④ 賄う

2. 一年中で一番美しい季節は、いつのまにか＿＿＿＿＿終ってしまった。そして一年の半分もじきに終るのだ。
   ① あっけなく　② あどけなく　③ たよりなく　④ だらしなく

3. 彼は、興奮した相手の熱を＿＿＿＿＿ように、あくまで冷静に語りかけた。
   ① さます　　② とかす　　③ めざす　　④ おろす

二、次の漢字の読み方を書きなさい。
　　① 殺意 [　　　]　② 復讐 [　　　]　③ 制裁 [　　　]
　　④ 思惑 [　　　]　⑤ 屈辱 [　　　]　⑥ 汚職 [　　　]

三、シーンA、B、Cの視聴をもとに事件の真相を、シーンDを視聴する前に推測してみなさい。
　　ヒント：誰がどんな動機で、どのように殺人事件を仕組んだかという要領で推理してみること。

単語リスト

おろす ②	【堕ろす】	〈他五〉	打胎；堕胎
あっけない ④	【呆気ない】	〈形〉	太简单，没劲，不尽兴，不过瘾

かんづく ③	【感付く】	〈自五〉	感到，感觉到，觉察出
かきまぜる ④◎	【思惑】	〈名〉	想法，念头；打算，意图
かきまぜる ④◎	【掻き混ぜる】	〈他一〉	搅拌，混合
とがめる ③	【咎める】	〈他一〉	责难，责备，挑剔；盘问

 聞く

四、ドラマを見ながらその対話を聞いて、正しい答えをそれぞれ①・②・③・④から選んで、○をつけなさい。

1．岩崎はなぜ三木を殺したのですか。
　① 三木に別れようと言われたから
　② 三木に二人の子を堕ろさせられたから
　③ 三木に妊娠中絶の費用の支弁を断られたから
　④ 三木に平沼社長の汚職の証拠資料を掴まれたから

2．岩崎はどういうふうに三木を自分のところに来させたのですか。
　① 自分が平沼社長に追いつめられていると思い込ませる
　② 岩崎と二人でクーデターを起こせば、逆転できると思い込ませる
　③ 岩崎とパートナーを組めば、平沼社長に対抗できると思い込ませる
　④ 平沼社長の汚職の証拠資料を岩崎に渡せば、安全になると思い込ませる

3．杉下の言った「もっと長い休暇」は何を指していますか。
　① 海外旅行　　② 出産休暇　　　③ 在宅勤務　　④ 刑務所生活

五、ドラマの対話を聞きながら、次の文を完成させなさい。

　① _____わ！　まさかそんなセリフが彼の口から出るとは思わなかった。
　② 殺意は簡単に生まれても殺人は簡単にできない。せっかく殺しても_____
　_____困るもの。
　③ あんたに何がわかるのよっ！？　お腹の中、かき混ぜられた_____が、男のあんたにわかるのっ！？
　④ あなたが殺意を持ったことまでは、_____ません。しかし、それを実行に_____ことは許せない。

聞いた後

六、このドラマに、次の五人が登場しています。五人は事件にそれぞれどうかかわっているかを整理したうえ、日本語で話してみなさい。

平沼現社長	中曽根前社長
岩崎秘書室次長	三木秘書室室長

篠塚氏

第十四課
ソードアート・オンライン

I アニメのシーンの視聴

あらすじ

　2022年、ユーザーによるベータテストを経て、世界初のVR MMORPG[1]「ソードアート・オンライン」(SAO)の正式サービスが開始され、約1万人のユーザーは完全なる仮想空間を謳歌していた。しかし、ゲームマスターにしてSAO開発者である天才プログラマー、茅場晶彦がプレイヤー達の前に現れ、SAOからの自発的ログアウトは不可能であること、SAOの舞台「浮遊城アインクラッド」の最上部第100層のボスを倒してゲームをクリアすることだけがこの世界から脱出する唯一の方法であること、そしてこの世界で死亡した場合は、現実世界のプレイヤー自身が本当に死亡するということを宣言した。プレイヤーの一人である少年キリトは、絶望的なデスゲームをクリアすべく、戦う決意をして旅立つ。それから一か月が経過し、約2000人ものプレイヤーが死亡し、ベータテスト経験者たちでさえ第1層を突破できずにいた。しかし、キリトがボスの技を見切り、第1層をクリアする。

A 攻略作戦会議

1　MMORPG：大規模多人数同時参加型オンラインロールプレイングゲーム。

 聞く前に

一、次の文の下線に入れるのに最も適当なものを①・②・③・④から一つ選んで、○をつけなさい。

1. もう一度、この横山の証言を池上に＿＿＿＿＿なくてはならない。
   ① 伝え　　② 手伝わ　　③ 渡さ　　④ 語ら

2. 早朝から出かけていくし、運良く仕事にありつければたっぷり一日働きづめだ。仕事に＿＿＿＿＿、昼間はまず家には帰ってこない。
   ① 頑張っても　　② あぶれても　　③ あまっても　　④ 励んでも

3. あんたたちのことはおれに任せてくれ。きっちり＿＿＿＿＿から。
   ① 世話になる　　　　　　② 迷惑をかける
   ③ ためになる　　　　　　④ 面倒を見る

4. 私は難しい課題＿＿＿＿＿のが好きで、チームでの仕事も、込み入った問題の解決も大好きなのです。
   ① で挑む　　② を挑む　　③ に挑む　　④ が挑む

二、次の漢字の読み方を書きなさい。
   ① 仮装 [　　　]　　② 謳歌 [　　　]　　③ 脱出 [　　　]
   ④ 唯一 [　　　]　　⑤ 絶望 [　　　]　　⑥ 突破 [　　　]
   ⑦ 暫定 [　　　]　　⑧ 狩場 [　　　]　　⑨ 土下座 [　　　]

三、次の質問について、あなたの考えや意見を日本語で自由に話してみなさい。
   問：VRということ簡単に紹介してください。VRゲームをやったことがあったらその経歴を話しましょう。

単語リスト

単語	原語	品詞	意味
ナイト ◎	【knight】	〈名〉	騎士，（英国的爵位）爵士
クリア ◎	【clear】	〈名・自他サ〉	清楚；突破；越过
パーティー ①	【party】	〈名〉	聚会；派对
たいこう ◎	【対抗】	〈名・自サ〉	対抗；抵抗；抗衡
つかねる ③	【束ねる】	〈他下一〉	捆；扎；管理
ベータテスター ◎	【beta tester】	〈名〉	測试者
ビギナー ①	【beginner】	〈名〉	新人；生手；初学者
いどむ ②	【挑む】	〈自・他五〉	挑战；征服；打破；挑逗

聞く

四、ドラマを見ながらその対話を聞いて、内容に合っているものに〇、合っていないものに×をつけなさい。

① ディアベルの職業は「ナイト」である。
② フロアボスは単なるパーティーでは対抗できない。。
③ 元ベータテスターの人たちはビギナーの面倒を見なかった。
④ ゲームのガイドブックは道具屋で販売している。

五、ドラマを見ながらその対話を聞いて、正しい答えをそれぞれ①・②・③・④から選んで、〇をつけなさい。

1．大勢の人が集まる理由はなんですか。
　① 皆はこのような集会が好きです
　② 仲間をみんなに紹介します
　③ ボスを倒すために作戦会議をやります
　④ 元ベータテスターに責任、謝罪を求めます
2．会話の内容に合わないものは次のどれですか。
　① 昨日、このパーティーが塔の最上階でボスの部屋を発見した
　② 作戦会議でボスを倒すため、皆は6人のパーティーを組んだ
　③ ゲームの情報は誰でも知っているが、死んだ人が多い
　④ 元ベータテスターはビギナーの死の責任を取るはずだ

六、ドラマの対話を聞きながら、次の文を完成させなさい。

① 俺たちはボスを倒し、第二層に到達して、このデスゲームも、＿＿＿＿＿＿＿＿＿
＿＿＿＿＿＿＿＿＿＿＿＿＿＿＿＿ってことを、始まりの街で待っているみんなに伝えなくちゃならない。
② これから攻略作戦会議を始めたいと思う。まずは6人のパーティーを組んでみてくれ。＿＿＿＿＿＿＿＿＿＿＿＿＿＿＿＿＿＿＿＿＿＿＿対抗できない。
③ いいか、＿＿＿＿＿＿＿＿＿＿＿＿＿＿＿＿。なのに、たくさんのプレイヤーが死んだ。その失敗を踏まえて、＿＿＿＿＿＿＿＿＿＿＿＿＿＿＿＿＿＿＿、それがこの場で議論されると、俺は思っていたんだかな。

聞聞いた後

七、デスゲームでは、あなたはどんな生活を選択しますか、戦うか逃げるか、日本語で言ってみなさい。

_____
_____
_____
_____

B 食事

 聞く前に

一、次の文の下線に入れるのに最も適当なものを①・②・③・④から一つ選んで、〇をつけなさい。

1．A君は中学三年生で友だちに仲間はずれにされたころから登校拒否になりました。家に＿＿＿＿＿暴れ、何度も自殺を試みるA君に、両親は驚き悩みました。
　　① 入って　　　② 黙って　　　③ 居て　　　④ 閉じこもって

2．「短気」でなく「長気」でものを見ることが人材育成の一番の＿＿＿＿＿だと言えそうです。
　　① ヒント　　　② コツ　　　③ 利点　　　④ 通路

3．幼いころ父が行方不明で、母に連れられて乞食をしながら各地を流浪し、母にも＿＿＿＿＿十数歳で地主の家に雇われた。
　　① 消えて　　　② 亡くなって　　　③ 死んで　　　④ 死なれて

二、次の漢字の読み方を書きなさい。

① 逆襲 [　　　　]　② 報酬 [　　　　]　③ 宿屋 [　　　　]
④ 瞬間 [　　　　]　⑤ 怪物 [　　　　]　⑥ 奴ら [　　　　]

単語リスト

クエスト ◎	【quest】	〈名〉	游戏任务
めうし ◎①	【牝牛・雌牛】	〈名〉	母牛
こつ ①	【コツ】	〈名〉	诀窍；要领
やどや ◎	【宿屋】	〈名〉	旅店；旅馆
ポールアックス ④	【pole axe】	〈名〉	长柄战斧
ソード ◎	【sword】	〈名〉	剑
スイッチ ◎	【switch】	〈名・自サ〉	开关；转换；交替
とびこむ ③	【飛び込む】	〈名〉	跳入；跳进；参加；投入

 聞く

三、ドラマを見ながらその対話を聞いて、正しい答えをそれぞれ①・②・③・④から選んで、〇をつけなさい。

1. キリトさんはどういうふうにパンを食べていますか。
   ① 一日一回パンにハチミツを使って食べている
   ② 一日二回パンにハチミツを使って食べている
   ③ 一日一回パンにクリームを使って食べている
   ④ 一日二回パンにクリームを使って食べている

2. アスナさんはどんな人ですか。
   ① 最初の街の宿屋に閉じこもって、ゆっくり腐っていきたい人
   ② 美味しいものを食べるために、この町まで来た人
   ③ 怪物に負けて死んでも、このゲーム、この世界には負けたくない人
   ④ パーティーメンバーには死なれたくない人

四、ドラマの対話を聞きながら、次の文を完成させなさい。
① 一個前の村で＿＿＿＿＿＿＿＿＿＿＿＿＿＿＿＿＿。やるなら、コツ教えるよ。
② 私が私でいるため、最初の街の宿屋に閉じこもって、ゆっくり腐っていくくらいなら、＿＿＿＿＿＿＿＿＿＿＿＿＿＿＿＿＿＿＿＿＿＿＿＿＿。
③ ＿＿＿＿＿＿＿＿＿＿＿＿＿＿＿＿＿＿＿＿＿＿な。せめて明日はやめてくれ。

④ おれが奴らのポールアックスを＿＿＿＿＿＿＿＿＿＿＿＿＿＿＿＿＿＿＿＿＿＿＿＿
＿＿＿＿＿＿＿＿＿＿＿＿＿＿＿＿＿＿、すかさずスイッチして飛び込んでくれ。

 聞いた後

五、人生の中、初めて自分の力でお金を稼いた経験を日本語で説明してみなさい

＿＿＿＿＿＿＿＿＿＿＿＿＿＿＿＿＿＿＿＿＿＿＿＿＿＿＿＿＿＿＿＿＿＿＿＿＿＿
＿＿＿＿＿＿＿＿＿＿＿＿＿＿＿＿＿＿＿＿＿＿＿＿＿＿＿＿＿＿＿＿＿＿＿＿＿＿
＿＿＿＿＿＿＿＿＿＿＿＿＿＿＿＿＿＿＿＿＿＿＿＿＿＿＿＿＿＿＿＿＿＿＿＿＿＿
＿＿＿＿＿＿＿＿＿＿＿＿＿＿＿＿＿＿＿＿＿＿＿＿＿＿＿＿＿＿＿＿＿＿＿＿＿＿

C 勝利後の争い

 聞く前に

一、次の文の下線に入れるのに最も適当なものを①・②・③・④から一つ選んで、〇を
つけなさい。

1．「これ、よっぽどうまくなったんだろうなって思ってたのよ」「うーん…最初
に比べれば＿＿＿＿＿＿＿だよ。最初に作ってくれた焼きそば、本当にそばだけ
でさ。肉もキャベツも入れなかったじゃん」
　① まだまだ　　　② まだだめ　　　③ まだマシ　　　④ まだいい

2．他人に対し、身内を＿＿＿＿＿＿＿のは敬語の原則だ。
　① 呼ぶ　　　　　② 呼び捨てる　　③ さんつけ　　　④ あだ名で呼ぶ

3．ヨーロッパの学芸、技術を全面的にまなび、とりいれる。しかしつねに、天皇を_____価値とする日本イデオロギーを、その上位に置く。
   ① 抽象的な　　② 象徴的な　　③ 相対的な　　④ 絶対的な

二、次の漢字の読み方を書きなさい。
   ① 見事 [　　　]　② 攻撃 [　　　]　③ 連中 [　　　]
   ④ 情報屋 [　　　]　⑤ 戦う [　　　]　⑥ 追加 [　　　]

単語リスト

みごろし ◎	【見殺し】	〈名〉	见死不救；坐视
さびしい ③	【淋しい・寂しい】	〈形〉	寂寞，孤寂；空虚
かくす ②	【隠す】	〈他五〉	掩盖，隐藏；隐瞒
しろうと ①②	【素人】	〈名〉	外行人；非专业的人
さんざん ◎③	【散々】	〈副・形動〉	狠狠地；彻底地；狼狈
げんかい ◎	【限界】	〈名〉	界限；限度

聞く

三、ドラマを見ながらその対話を聞いて、正しい答えをそれぞれ①・②・③・④から選んで、〇をつけなさい。

1．兵士たちは元ベータテスターを憎む理由に合わないのはどれですか。
   ① 見事な剣技でボスをたおしたから
   ② ボスの使う技知ってみなに伝わなかったから
   ③ ディアベルさんを見殺しにしたから
   ④ 上の層で刀を使うモンスターと散々戦ったから

2．キリトさんの言葉で、彼自身と他のベータテスターの違いは何ですか。
   ① 他のベータテスターは上の層で刀を使うモンスターと散々戦った
   ② 他のベータテスターは刀スキルを知ってた
   ③ キリトさんは誰も到達できなかった層まで登った
   ④ キリトさんはレベリングのやり方も知らない初心者

3．会話の内容に合わないものは次のどれですか。
   ① SAOのベータテストに当選した人は千人ぐらいだ
   ② 戦闘中キリトさんはアスナの名前を呼んだ

③ アスナさんの戦闘力が高くなれる
④ ソロプレイには限界があってもギルドに入らない

四、ドラマの対話を聞きながら、次の文を完成させなさい。
① 元ベータテスターだって、＿＿＿＿＿＿＿＿＿＿＿＿＿＿もらいたいな。
② ボスの刀スキルを知ってたのは、ずっと＿＿＿＿＿＿＿＿＿＿＿からだ。
③ この辺に、＿＿＿＿＿＿＿＿＿＿＿＿＿＿＿だろう。その下に何か書いてないか。
④ もしいつか＿＿＿＿＿＿＿＿＿＿＿＿＿＿＿＿＿＿＿、断るなよ。

 聞いた後

五、信頼している人に裏切られたら、どうしますか。日本語であなたの意見を話してみなさい。

Ⅱ ニュースの視聴

 聞く前に

一、次の文の下線をつけた言葉は、どのような漢字を書くか、それぞれ①・②・③・④から選んで、〇をつけなさい。

1．岡田監督はしゅうにん１年目の昨年、前年優勝チームを率いて４位と低迷した。
　　① 主任　　　② 襲任　　　③ 就任　　　④ 住人
2．地域と一体となった取り組みを議論するのは初めての試みでせいかが期待されるが、どのように住民との連携を進め、貴重な文化遺産を守っていくのか。
　　① 生花　　　② 成果　　　③ 盛夏　　　④ 生化
3．国会議員は権限が少なく、ほとんどこうやくを果たせなかった。だが、首長は約束したら必ず実現できる
　　① 口約　　　② 子役　　　③ 公訳　　　④ 公約
4．紀元前３世紀のアショーカ王のころ、仏教教団はほしゅ的な上座部と進歩的な大衆部とに分裂した。
　　① 保修　　　② 報酬　　　③ 捕手　　　④ 保守
5．元米軍検察官はジェンキンスさんの高齢や特殊事情を考慮し「しっこう猶予など実刑を伴わない可能性は十分ある」と指摘する。
　　① 執行　　　② 思考　　　③ 失効　　　④ 疾行
6．同日午前、主要八カ国（Ｇ８）しゅのうと会談したアフリカ諸国の首脳は、行動計画を手放しで歓迎した。
　　① 主脳　　　② 首脳　　　③ 殊能　　　④ 種脳

二、次の漢字の読み方を書きなさい。
　　① 大統領　[　　　]　② 連邦　[　　　]　③ 裁判　[　　　]
　　④ 就任　　[　　　]　⑤ 国境　[　　　]　⑥ 同盟国[　　　]
　　⑦ 連携　　[　　　]　⑧ 世論　[　　　]

三、次の質問について、あなたの考えや意見を日本語で自由に話してみなさい。
　　問：トランプの就任に対して、あなたはどう思いますか。

単語リスト

メキシコ ◎②	【Mexico】	＜名＞	墨西哥
じょうせい ◎	【情勢】	＜名＞	形势，情势

| シリア ① | 【Syria】 | 〈名〉 | 叙利亚 |
| しんか ① | 【真価】 | 〈名〉 | 真正的价值 |

 聞く

四、ニュースの内容に合っているものに〇、合っていないものに×をつけなさい。
　① アメリカは環太平洋パートナーシップ協定から離脱した。
　② 裁判所は中東などからの人の入国制限を廃止された
　③ 安倍総理大臣と首脳会談を行い、朝鮮情勢などをめぐって同盟国との連携を打ち出した
　④ 世論調査では、大統領を支持すると答えた人は戦後の歴代大統領のなかで一番低いです。

五、ニュースを聞いて、正しい答えをそれぞれ①・②・③・④から選んで、〇をつけなさい。
１．トランプ大統領の措置に合わないのはどれですか。。
　① 連邦最高裁判所の判事に保守派のゴーサッチ氏を指名し就任させました
　② 中東などからの人の入国禁止を停止します
　③ 安倍総理大臣と首脳会談を行い、北朝鮮情勢などをめぐって同盟国との連携を打ち出した
　④ シリアのアサド政権に対し、軍事攻撃に踏み切りました
２．ニュースの内容に合わないのはどれですか。
　① 土日の勤務時間は中学校が前回より1時間49分長い3時間22分と大幅に増えていた
　② 外交面では、中東などからの人の入国を制限する
　③ メキシコとの国境沿いに壁を建設することは、建設費用や、メキシコ側の協力のめどがたっていない
　④ 教育界では深刻な結果で業務改善などに早急に取り組む必要がある

六、ニュースを聞きながら、次の文を完成させなさい。
　① 公約として就任から100日間の行動計画を掲げており、TPP ＝ ＿＿＿＿＿＿
　＿＿＿＿＿＿＿＿＿＿＿＿＿＿＿＿＿＿＿＿＿＿＿＿＿＿＿＿＿＿＿＿＿＿＿。
　② テロ対策として、中東などからの人の入国を制限する大統領令は裁判所に執行を停止されたほか、メキシコとの国境沿いに壁を建設することは、建設費

用や、_____。
③ 北朝鮮情勢など_____を打ち出した。
④ 大統領を支持すると答えた人は42%で_____
_____数字となっています。

聞いた後

七、聞いたニュースのあらすじを日本語で話してみなさい。

_____
_____
_____
_____

第十五課
BOSS

あらすじ

　アメリカに留学していた警視庁の元キャリア・大澤絵里子は、新たに設立される特別犯罪対策室の室長として帰国。だが、メンバーとして集められたのは、各部署のやっかい者ばかりだった。そんな中、河川敷で男の焼死体が発見される。その手口から、絵里子は凶器が爆弾だと見破る。実は先月にも同じような手口でホームレスの男性が殺されており、さらに第3の被害者も出た。やがて3人の被害者と接点のあった元工場経営者・野垣が犯人と分かるが、野垣は既に4人目のターゲットに爆弾を仕掛けていた。そこで絵里子はFBIの交渉術を使い、野垣からターゲットを聞き出そうとする。さらに野垣をだますためにひと芝居打って爆弾の解除方法を聞き出し、ターゲットを助ける。

A 精鋭部隊か？

 聞く前に

一、次の文の下線に入れるのに最も適当なものを①・②・③・④から一つ選んで、〇をつけなさい。

1．お前が、目をつけられるような何かを＿＿＿＿だろう。
　　① 持て成した　　② 仕出かした　　③ 尽くした　　④ 催した

2．その学校の中学生がコンビニで雑誌を＿＿＿＿たことで、担任の先生は出頭を求められた。
　　① 内引き　　② 腕引き　　③ 間引き　　④ 万引き

3．日本のように組織間の上下関係といった意識はなく、必要に応じて必要な人が自由に＿＿＿＿していく。
　　① 移動　　② 異動　　③ 活動　　④ 出動

二、次の漢字の読み方を書きなさい。
　　① 検挙率　[　　] ② 諜報　[　　] ③ 凶悪　[　　]
　　④ 精鋭　　[　　] ⑤ 不祥事[　　] ⑥ 痴漢　[　　]

三、次の質問について、あなたの考えや意見を日本語で自由に話してみなさい。
　　問：次のグラフを見ながらOECO諸国の犯罪率と治安への不安率について所感を述べなさい。

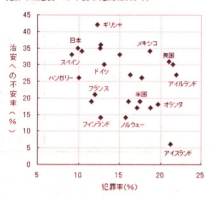

単語リスト

しかける ③	【仕掛ける】	〈他一〉	着手；寻衅；设置，布置
てぐち ①	【手口】	〈名〉	手法，方法，手段
ターゲット ①	【target】	〈名〉	目标，靶子，指标
かんがむ ⓪	【鑑む】	〈他五〉	鉴于
さっきゅう ⓪	【早急】	〈名・形動〉	紧急，火急，火速
プロファイリング ⑤	【profiling】	〈名〉	根据犯罪记录对罪犯动机、行动模式的分析法
きょうあく ⓪	【凶悪】	〈名・形動〉	凶恶；凶狠，穷凶极恶
さんじかん ③	【参事官】	〈名〉	参事官
ほさ ①	【補佐】	〈名〉	辅助，协助，助理
こうかく ⓪	【降格】	〈名・自他サ〉	降格，降级
キャリア ①	【career】	〈名〉	履历，经历
さける ②	【裂ける】	〈自一〉	裂，裂开；破裂
おちこぼれ ⓪	【落ちこぼれ】	〈名〉	撒出来的东西；后进生
きゅうさい ⓪	【救済】	〈名・他サ〉	救济
しってん ⓪	【失点】	〈名・形動〉	失分；缺点，过失
まんびき ⓪	【万引き】	〈名・他サ〉	扒窃（商店里的物品）
つうしょう ⓪	【通称】	〈名・自サ〉	俗称，通称
ひきぬく ③	【引き抜く】	〈他五〉	拔出，抽出；拉拢（人才）
さんこつ ③	【散骨】	〈名・自サ〉	撒骨灰
すてごま ⓪	【捨て駒】	〈名〉	故意让对手吃的棋子
かむ ①	【噛む・嚼む】	〈他五〉	咬，嚼
がぶっと ②		〈副〉	喝，咬（一大口）
くさり ⓪③	【鎖・鏁・鏈】	〈名〉	锁链，链子
はなつ ②	【放つ】	〈他五〉	放；开；驱逐，流放
しょうしたい ⓪	【焼死体】	〈名〉	烧焦的尸体
けんし ⓪	【検屍】	〈名・他サ〉	验尸
じどりそうさ ④	【地取り捜査】	〈名・他サ〉	分片（区域）侦查

聞く

四、ドラマを見ながらその対話を聞いて、内容に合っているものに○、合っていないものに×をつけなさい。

① 野立参事官補佐と大澤絵里子警部は同じ年に警視庁に入った。
② 野田参事官補佐は前に不祥事をしでかして降格になったことがある。
③ 発見された焼死体の死因は検屍でわかった。
④ 丹波刑事部長と野立参事官補佐は仕事上のライバルだ。

五、ドラマを見ながらその対話を聞いて、正しい答えをそれぞれ①・②・③・④から選んで、○をつけなさい。

1．特別犯罪対策室は何のために設立されたのですか。
　① 検挙率の落ち込み、犯罪手口の多様化に対応するため
　② 専門的捜査をもって凶悪犯罪に対応するため
　③ 最先端の捜査技術を身につけさせるため
　④ 対外的にマスコミの対応をするため
2．特別犯罪対策室の室長はどんなレベルの肩書きですか。
　① 部長　　　② 課長　　　③ 係長　　　④ 次長
3．刑事部長は大澤室長に何を言おうとしたのですか。
　① もっと捜査に張り切ってほしいと
　② 事件の現場に行って調べてほしいと
　③ マスコミにうまく対応してほしいと
　④ 捜査にかかわらないようにしてほしいと

六、ドラマの対話を聞きながら、次の文を完成させなさい。

① 先進国では、常識となっているプロファイリングや_____、科学捜査などの専門的捜査をもって凶悪犯罪に対応していくチームです。
② 何が最先端の技術だ。噂では_____だったって話だぞ。
③ 取りあえず、捜査一課_____ということでマスコミ受けはいい。それに新しい部署の失敗は野立参事官補佐の失点ってことにもなる。
④ 本当は神経質で、自分に自信がない。けど周りからそう見られることを恐れて、わざと_____、攻撃的に振舞ったりしている。

 **聞いた後**

七、特別犯罪対策室はどういう狙いで設けられたのかについて日本語で話してみなさい。

_____
_____
_____
_____

B 犯人像

 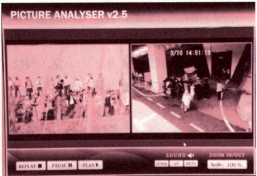

 聞く前に

一、次の文の下線に入れるのに最も適当なものを①・②・③・④から一つ選んで、〇をつけなさい。

1．均衡が破れて大戦規模の戦争が起これば、人類の生存と将来はないことを知りながら核戦力を_____させているのは動物以下である。
　　① エスコート　　　　　　　② エスカレート
　　③ エスケープ　　　　　　　④ デスカレート

2．うらやむべき能力と学歴の_____が、ある日、突然の自殺を図る。
　　① 所有者　　② 所有主　　③ 持ち者　　④ 持ち主

3. その発想は、民間に資金需要がなく、銀行ですら_____がないために国債で運用するという現状では、ほとんど意味をなさない論理である。
　　① 融資宛　　　② 融資口　　　③ 融資先　　　④ 融資主

二、次の漢字の読み方を書きなさい。
　　① 火種 [　　　]　　② 泥酔 [　　　]　　③ 着衣 [　　　]
　　④ 引火 [　　　]　　⑤ 採取 [　　　]　　⑥ 着信 [　　　]
　　⑦ 接点 [　　　]　　⑧ 破綻 [　　　]　　⑨ 横領 [　　　]
　　⑩ 町工場 [　　　　　]

三、次の質問について、あなたの考えや意見を日本語で自由に話してみなさい。
　　問：過去の犯罪のデータベースを基に、犯人の動機や行動パターンを推理し、犯人像を割り出す方法をプロファイリングと言いますが、そのプロファイリングについてどう思いますか。

単語リスト

ホームレス ①	【homeless】	〈名〉	流浪者，无家可归者
やけこげる ◎	【焼け焦げる】	〈自一〉	烧焦；烧糊
たきび ◎	【焚き火】	〈名〉	篝火
ウオッカ ②	【vodka】	〈名〉	伏特加（俄罗斯产烈酒）
でいすい ◎	【泥酔】	〈名・自サ〉	烂醉，酩酊大醉
いんか ◎	【引火】	〈名・自サ〉	引火，点着，燃起
こうほう ①	【広報】	〈名〉	宣传，报道，情报
さいしゅ ①◎	【採取】	〈名・他サ〉	采，拾取；选取；提取
アセトアルデヒド ⑥	【acetaldehyde】	〈名〉	〈化〉乙醛
だっすいそこうそ ⑥	【脱水素酵素】	〈名〉	脱氢酶
りょうきてき ◎	【猟奇的】	〈形動〉	猎奇性的
ぶっしょう ◎	【物証】	〈名〉	物证
かやく ◎	【火薬】	〈名〉	火药
あらいなおす ⑤	【洗い直す】	〈他五〉	重新洗；重新调查
やみきん ◎	【闇金】	〈名〉	黑市贷款
こじ ①	【誇示】	〈名・他サ〉	夸示；炫耀
ベスト ①	【vest】	〈名〉	马甲，背心
えんかカリウム ⑤	【塩化カリウム】	〈名〉	氯化钾

かしはがし ◎	【貸し剥がし】	〈名〉	减额贷款；缩水贷款
ちゃくしん ◎	【着信】	〈名〉	来电；来电振铃
せってん ①	【接点】	〈名〉	接点，触点；切点
ききこみ ◎	【聞き込み】	〈名〉	听到；探听，侦查
まちこうば ③	【町工場】	〈名〉	街道工厂，乡镇工厂
おうりょう ◎	【横領】	〈名・他サ〉	侵吞，霸占，盗用，贪污
しきんぐり ◎	【資金繰り】	〈名〉	资金筹措，资金运用
はたん ◎	【破綻】	〈名・自サ〉	破裂，失败；破绽
フラクタル ②	【fractal】	〈名〉	不规则碎片形
きかがく ②	【幾何学】	〈名〉	几何学
かいぞうど ③	【解像度】	〈名〉	图像清晰度
いきさつ ◎	【経緯】	〈名〉	（事情的）经过，原委

 聞く

四、ドラマの対話を聞いて、内容に合っているものに〇、合っていないものに×をつけなさい。

① ホームレスは酒が火種となった火事で死んでしまった。
② 大澤絵里子室長は第3犯行の現場をこの目で見た。
③ 同一犯による連続殺人の凶器はそれぞれ違う。
④ 野垣工業が接点になって犯人像が見えてきた。

五、ドラマを見ながらその対話を聞いて、正しい答えをそれぞれ①・②・③・④から選んで、〇をつけなさい。

1．アセトアルデヒド脱水素酵素がDD型というDNAはどんな体質ですか。
　① 酒を飲んだらすぐ焼けて死んでしまう体質
　② 酒を飲まなければ生きていけない体質
　③ 酒をいくら飲んでも酔わない体質
　④ 酒を全く受け付けない体質

2．第3の犯行が起こったことで、何が分かったのですか。
　① 爆弾の解除方法
　② 被害者は銀行員であること
　③ 殺人の凶器はベスト爆弾であること
　④ ふれあい銀行はあまり評判のよくない銀行であること

3．ヤミ金、ホームレス、銀行員三者の接点は何だったのですか。
　　① 野垣工業　　　　　② 技術の持ち主
　　③ ベスト爆弾　　　　④ 資金繰り破綻

六、ドラマの対話を聞きながら、次の文を完成させなさい。
① 通称シゲと呼ばれるホームレス男性の焼死体が発見されたと…。これか、はい。えー、同じように_____が焼け焦げて死んでる。
② この手のタイプは自分の技術力を誇示したいために、一度使った爆弾を改良の上で次の_____、そうなった場合、犯行は確実にエスカレートする。
③ 被害者は背広の下に例の_____あったこと、わたしがこの目で確認してる。
④ ふれあい銀行は最近中小企業へのいわゆる_____で、あまり評判のよくない銀行です。

 聞いた後

七、聞いた対話の内容のあらすじ、つまり犯人像が見えてきた経緯を日本語で話してみなさい。

_____
_____
_____
_____

 C FBI交渉術

聞く前に

一、次の文の下線に入れるのに最も適当なものを①・②・③・④から一つ選んで、○をつけなさい。

1．美容師になろうと言う前途有望な方の鼻を＿＿＿＿＿ような事言って申し訳ないですが、私はお勧めできません。手に職があれば食いっぱぐれはないです。
　① ねじ折る　　② はし折る　　③ へし折る　　④ ほね折る

2．太郎に反論する余裕を与えず、花子は書類を胸に抱えたまま、さっさと行ってしまった。どうして彼女がこんなに＿＿＿＿＿と気持ちを切り替えることができたのだろうか。
　① あっさり　　② すっかり　　③ きっぱり　　④ ばっちり

3．生きるからには、もっといさぎよく＿＿＿＿＿で生きていこうではないか。
　① イチかバチか　　　　② 食うか食われるか
　③ 一から十まで　　　　④ ピンからキリまで

二、次の漢字の読み方を書きなさい。
　① 逮捕状［　　　］　② 降伏［　　　］　③ 爆薬［　　　］
　④ 自尊心［　　　］　⑤ 標的［　　　］　⑥ 調合［　　　］
　⑦ 敵愾心［　　　］　⑧ 熱傷［　　　］　⑨ 腎臓［　　　］

三、次の質問について、あなたの考えや意見を日本語で自由に話してみなさい。
　問：嘘も方便という諺がありますが、あなたはどんな時に嘘をつきますか。

単語リスト

エフビーアイ ⑤	【FBI】	〈名〉	美国联邦调查局
しちや ②	【質屋】	〈名〉	当铺
かんぷなきまでに ④	【完膚なきまでに】	〈副〉	彻底地；体无完肤地
へしおる ③⓪	【圧し折る】	〈他五〉	折断，压断；使屈服，挫败
ちょうごう ⓪	【調合】	〈名・他サ〉	调剂，调合；配药
ポリイソブチレン ⑥	【polyisobutylene】	〈名〉	聚异丁烯
ラポール ②	【法 rapport】	〈名・形動〉	交往；密切关系；和谐一致
くすぐる ⓪	【擽る】	〈他五〉	使发痒；逗哏；逗弄，激起
うちくだく ④⓪	【打ち砕く】	〈他五〉	打碎，粉碎，砸碎

しぼりこむ ④	【絞り込む】	〈他五〉	绞入；聚焦；缩小范围
モンローこうか ⑤	【munroe 効果】	〈名〉	聚能效应
しょうかめんぷ ④	【硝化綿布】	〈名〉	硝化棉布
てきがいしん ③	【敵愾心】	〈名〉	敌忾心
とりとめる ◎④	【取り留める】	〈他一〉	保住（性命）
はったり ◎		〈名〉	故弄玄虚；虚张声势
ちっそ ①	【窒素】	〈名〉	氮

 聞く

四、ドラマを見ながらその対話を聞いて、内容に合っているものに〇、合っていないものに×をつけなさい。
　① 絵里子は刑事部長に命令されて容疑者の野垣に話を聞くことになった。
　② 野垣には戸倉という爆弾に詳しい共犯者がいる。
　③ 野垣は銀行員の小島さんを殺した。
　④ 小島さんは一命を取り留めて今北荒川第3病院に入院しています。

五、ドラマを見ながらその対話を聞いて、正しい答えをそれぞれ①・②・③・④から選んで、〇をつけなさい。
1．絵里子が「時間がない」と言ったのはどういうことですか。
　① 野垣を法的に拘束して取り調べる時間のこと
　② 野垣の連続殺人の次の標的を確定する時間のこと
　③ 野垣に爆弾を仕掛けられた被害者を救出する時間のこと
　④ 野垣の連続殺人に加担している共犯者を捜し出す時間のこと
2．絵里子は野垣から何を聞き出そうとしているのですか。
　① ベスト爆弾を作る方法
　② ベスト爆弾の解除方法
　③ 連続殺人の共犯者
　④ 連続殺人の今度の標的
3．絵里子は野垣との交渉にどんな手を使っていたのですか。
　① おだてたり誘ったりする手
　② 宥めたりすかしたりする手
　③ 褒めたてたり叱ったりする手
　④ 嘘をついたり芝居をしたりする手

六、の対話を聞きながら、次の文を完成させなさい。
① 彼のようにプライドが高く、技術力を＿＿＿＿＿＿＿＿＿＿＿＿＿＿＿＿の人間は、自分の知識や技術を話す価値があると見なした相手にしか心開かない。逆にプライドを＿＿＿＿＿＿＿＿＿＿＿＿＿＿へし折れば、意外とあっさり降伏するもの。
② その一方で自分の技術を誇示したい爆弾魔の＿＿＿＿＿＿＿＿＿＿＿＿＿いる。
③ ライバルを出したことで、彼の＿＿＿＿＿＿＿＿＿＿＿＿火が付きだしてる。
④ 犯人との交渉では、嘘は絶対に言ってはならない。バレたら一気に主導権を握られる。＿＿＿＿＿＿＿＿＿＿＿＿＿＿＿＿＿＿＿＿＿＿＿＿＿＿＿＿。

 聞いた後

七、聞いた対話のあらすじを日本語で話してみなさい。
＿＿＿＿＿＿＿＿＿＿＿＿＿＿＿＿＿＿＿＿＿＿＿＿＿＿＿＿＿＿＿＿＿＿＿＿＿
＿＿＿＿＿＿＿＿＿＿＿＿＿＿＿＿＿＿＿＿＿＿＿＿＿＿＿＿＿＿＿＿＿＿＿＿＿
＿＿＿＿＿＿＿＿＿＿＿＿＿＿＿＿＿＿＿＿＿＿＿＿＿＿＿＿＿＿＿＿＿＿＿＿＿

D 芝居の賜物

 聞く前に

一、次の文の下線に入れるのに最も適当なものを①・②・③・④から一つ選んで、○をつけなさい。

1. 一つ屋根の下で、生まれも育ちも、年代も違う女が二人暮らすことの難しさは容易に＿＿＿＿＿がつく。
   ① 解し　　② 観察　　③ 察し　　④ 理解

2. 子どもとしっかり関わろうとすれば、その分仕事に回せる力は少なくなることを、今は仕方ないと＿＿＿＿＿ことも大事です。
   ① 確める　　② 見分ける　　③ 割り切る　　④ 割り当てる

3. 漠然とした話では＿＿＿＿＿と思うので、ひとつ強烈な例を出してみよう。
   ① すっきりしない　　② ぴんとこない
   ③ はっきりしない　　④ びくともしない

二、次の漢字の読み方を書きなさい。
   ① 合併 [　　] ② 解除 [　　] ③ 回路 [　　]
   ④ 並列 [　　] ⑤ 直列 [　　] ⑥ 抜擢 [　　]

三、シーンA、B、Cの視聴をもとにこれからの展開を、シーンDを視聴する前に推測してみなさい。
   ヒント：絵里子は野垣から何を聞き出そうとしているかということから推測してみること。

単語リスト			
しょせん ⓪	【所詮】	〈副〉	归根到底，结局，毕竟，终归
あさぢえ ⓪	【浅知恵】	〈名〉	知识浅薄，浅见，肤浅
さっし ⓪	【察し】	〈名〉	体察，体谅；察觉到；看穿
はれぶたい ③	【晴れ舞台】	〈名〉	盛大靓丽的舞台
なきわめく ④	【泣き喚く】	〈自五〉	号哭，号啕，哭天喊地
あさはか ②	【浅はか】	〈形動〉	浅薄的，肤浅的；浅见的
わりきる ③	【割り切る】	〈他五〉	除尽；想通，干脆明确
ビジネスライク ⑤	【businesslike】	〈形動〉	事务性(的)，实务性(的)
きばくそうち ④	【起爆装置】	〈名〉	触发器，引爆装置

せっかち ①		<名・形動>	性急(的人);急躁
ぴんとくる ④	【ぴんと来る】	<組>	马上明白,反应过来
じゅちゅう ⓪	【受注】	<名・他サ変>	接受订货
しばい ⓪	【芝居】	<名>	戏剧,(演)戏,(演)剧
おおがかり ③	【大掛り】	<形動>	大规模的,规模宏大的
マジック ②①	【magic】	<名>	魔术,戏法

 聞く

四、ドラマを見ながらその対話を聞いて、正しい答えをそれぞれ①・②・③・④から選んで、〇をつけなさい。

1．野垣はどうして急に喜んできたのですか。
　① 警察をうまく翻弄したから
　② 爆弾の解除方法がわかったから
　③ 次のターゲットは察しがついているから
　④ 殺したいターゲットが殺されたと思ったから

2．野垣が殺そうとした今度のターゲットはどんな人ですか。
　① 自分の計画を邪魔した絵里子
　② いつも晴れ舞台で演じる女優
　③ 自分の会社の受注を中止した女
　④ 自分の会社を吸収合併した女社長

3．絵里子が言った嘘でないことは次のどれですか。
　① 次のターゲットは察しがついている
　② 光協化学の社長は会見場で死んだ
　③ 爆弾の解除方法が分かった
　④ 銀行員は死んでいない

五、ドラマの対話を聞きながら、次の文を完成させなさい。
　① 5年前からあの女を憎んでいた。ああ、あの女に切られたのが＿＿＿＿＿＿の始まりだ。
　② あんたは、あの女にそっくりだよ。＿＿＿＿＿＿＿＿が全てビジネスライク…
　③ 今までのパターンから工場の倒産にかかわった人間だとは見ていたけど、人

　　　　数が多すぎて＿＿＿＿＿＿＿＿＿＿＿＿＿＿＿＿＿＿＿＿＿＿＿＿＿＿＿。
　④＿＿＿＿＿＿＿＿＿＿驚くほど単純な仕掛けってわけ、一つ勉強になったね。

 聞いた後

六、絵里子が打った長い芝居はどんな順番で展開されたのか、各段階での芝居はそれぞれどんな狙いで演じられたのかを日本語で述べてみなさい。

単語表

アイスマン ④	【ice man】	4	C	冰上运动员
あいだがら ◎	【間柄】	4	B	关系，交际
あいつぐ ①	【相次ぐ】	12	A	相继，接连不断
あえて ①	【敢えて】	12	C	故意，特地
アカウント ②		12	D	账号，用户号
あきらめる ④	【諦める】	4	B	放弃，死心
あくせんくとう ◎	【悪戦苦闘】	11	D	搏斗；艰苦奋斗
アセトアルデヒド ⑥	【acetaldehyde】	15	B	〈化〉乙醛
あさぢえ ◎	【浅知恵】	15	D	知识浅薄，浅见，肤浅
あさはか ②	【浅はか】	15	D	浅薄的，肤浅的；浅见的
あじけない ④	【味気ない】	6	B	乏味，没意思
あじわう ◎③	【味わう】	2	B	品尝；玩味，欣赏；体验
あたまきん ◎	【頭金】	6	B	首付；定金
あっけない ④	【呆気ない】	13	D	太简单，没劲，不尽兴，不过瘾
あとがき ◎	【後書き】	6	C	后记；（书信的）附笔
アニメーション ③	【animation】	3	D	动画片；动画
アピール ②		2	D	呼吁，控诉；吸引；有魅力
あまやかす ④◎	【甘やかす】	5	A	娇惯，娇养
あやまる ③	【謝る】	4	B	道歉
あらいなおす ⑤	【洗い直す】	15	B	重新洗；重新调查
アリ ◎	【蟻】	6	B	蚁，膜翅目蚁科昆虫的总称
ありきたり ◎		4	B	普通，寻常
あわれむ ③	【哀れむ】	4	C	怜悯，觉得可怜
アンポンタン ③	【安本丹】	3	B	愚蠢，傻瓜，糊涂虫，笨蛋
いいかげん ◎	【いい加減】	4	C	适可而止
いいわたす ④	【言い渡す】	12	A	宣告，以口头形式告知
いきさつ ◎	【経緯】	15	B	（事情的）经过，原委

いきつけ ◎	【行きつけ】	10	A	常去（的地方）
いしゃりょう ③	【慰謝料】	11	B	精神补偿费
いじらしい ④		5	C	可怜的，可爱的
イズム ①		12	B	主义，学说
いたみ ③	【痛み】	4	C	疼痛
いちがんレフ ⑤②	【一眼レフ】	12	C	单镜头反光相机
いちず ②	【一途】	7	B	专心；死心眼
いっぺん ◎	【一変】	6	A	大变；突然改变；完全改变
いどう ◎	【異動】	6	A	（职务、工作地点等）变动
いどむ ②	【挑む】	14	A	挑战；征服；打破；挑逗
いね ①	【稲】	11	D	稻子，水稻
いへん ◎	【異変】	2	D	异变；异常
いまどき ◎	【今どき】	4	B	如今，现在
イメージセンサー ⑤	【image sensor】	12	C	图像传感器
いやす ②	【癒す】	9	B	治疗，医治
いやみ ③◎	【嫌味】	9	C	讨厌，令人生厌
いろあせる ④	【色褪せる】	4	B	褪色，魅力退却
いわゆる ③②	【所謂】	5	D	所谓的，所说的
いんか ◎	【引火】	15	B	引火，点着，燃起
いんたい ◎	【引退】	4	B	隐退，退役
ウェブサイト ③	【website】	3	D	网站；网络站点
うえる ②	【飢える】	6	C	饿，饥饿；渴望，渴求
ウオッカ ②	【vodka】	15	B	伏特加（俄罗斯产烈酒）
うたがい ◎	【疑い】	5	D	嫌疑，怀疑
うちくだく ④◎	【打ち砕く】	15	C	打碎，粉碎，砸碎
うつむく ③	【俯く】	9	B	垂头，低头
うめる ◎	【埋める】	4	A	填补
うやまう ③	【敬う】	5	A	尊重，尊敬
うらぎる ③	【裏切る】	5	C	背叛，辜负
うらなう ③	【占う】	10	B	占卜，算命
うらやましい ⑤	【羨ましい】	8	A	羡慕的，眼红的
うわまわる ④	【上回る】	4	D	超过，超出
うんち ①		13	A	大便
エキシビジョン ④	【exhibition】	12	A	展示，表演
エゴ ①		10	C	利己主义，自私自利
エフビーアイ ⑤	【FBI】	15	C	美国联邦调查局

エラー ①	【error】	2	B	错误，过失
えんかカリウム ⑤	【塩化カリウム】	15	B	氯化钾
えんだん ◎	【縁談】	10	C	亲事，婚事
オーバー ①	【over】	11	A	超过
オービー ③	【OB】	2	A	校友，毕业生
おいうち ◎	【追い討ち】	12	A	追讨，进一步冲击
おいかける ④	【追いかける】	4	B	追赶
おいぬく ③	【追い抜く】	6	A	赶上并领先；胜过，后来居上
おうりょう ◎	【横領】	15	B	侵吞，霸占，盗用，贪污
おおがかり ③	【大掛り】	15	D	大规模的，规模宏大的
おおだい ◎	【大台】	4	D	大关
おおや ◎	【大家】	1	B	房东
おきかえる ④③◎	【置き換える】	12	C	置换，替换
おくじょう ◎	【屋上】	11	D	屋顶，楼顶
おくびょう ③	【臆病】	11	C	胆小，怯懦
おしつける ④	【押し付ける】	8	A	推压；强加于人
おす ◎	【押す】	4	A	按，压
おちこぼれ ◎	【落ちこぼれ】	15	A	故意让对手吃的棋子
おちつく ◎	【落ち着く】	8	B	沉着；镇静；稳重；安定
おっぱい ①		4	B	（幼儿语）奶，乳房
おとさた ◎②	【音沙汰】	4	B	消息，音讯
おとずれる ④	【訪れる】	7	D	访问；到来
おなら ◎	【屁】	10	C	放屁
おびえる ◎③	【怯える】	12	B	害怕，胆怯
オペラ ①	【opera】	10	A	歌剧
おまけに ◎	【御負けに】	13	B	又加上，而且，况且，加之
おもいだす ③	【思い出す】	8	C	记起，回忆起
おもわく ◎	【思惑】	13	D	想法，念头；打算，意图
おろす ②	【堕ろす】	13	D	打胎；堕胎
かいきん ◎	【解禁】	4	D	解禁，解除禁令
かいこ ①	【解雇】	12	A	解雇
かいざん ◎	【改ざん】	9	C	窜改，涂改
かいせい ◎	【改正】	10	D	修改；更改
かいぞうど ③	【解像度】	15	B	图像清晰度
かかげる ④◎③	【掲げる】	10	D	举起；打着
かかと ◎	【踵】	13	C	脚后跟；鞋后跟

かがいしゃ ②	【加害者】	4	C	加害者
カキ ①	【牡蠣】	6	D	牡蛎，蚝，牡蛎科两扇贝的总称
かきまぜる ④◎	【掻き混ぜる】	13	D	搅拌，混合
かくす ②	【隠す】	14	C	掩盖；隐藏；隐瞒
かくやく ◎	【確約】	7	C	约定，保证
かけ ②	【賭け】	12	B	赌钱，赌博
かげき ◎	【過激】	2	D	过度；激进
かさねる ◎	【重ねる】	4	B	重叠，再加上
かしこい ③	【賢い】	2	A	聪明，贤明；巧妙，得要领
かしはがし ◎	【貸し剥がし】	15	B	减额贷款；缩水贷款
かたむく ③	【傾く】	12	A	倾向，具有某种倾向
かたん ◎	【加担】	13	C	支持，袒护；参与
かなう ②	【かなう】	8	A	能实现，能如愿以偿
かま ①	【鎌】	11	D	镰刀
かむ ①	【噛む・嚼む】	15	A	参事官
かやく ◎	【火薬】	15	B	火药
カラフル ①	【colorful】	3	B	富于色彩的；颜色鲜艳的
かりそめ ◎	【仮初】	4	A	暂时，一时
かりゅう ◎	【下流】	6	D	下游，下流；社会的低阶层
かる ◎	【刈る】	11	D	割，收割
かんがえぬく ◎⑤	【考え抜く】	2	A	充分考虑
かんがむ ◎	【鑑む】	15	A	履历，经历
かんすい ◎	【冠水】	6	D	水淹，水没
かんせい ◎	【歓声】	11	D	欢声笑语
かんちがい ③	【勘違い】	7	A	错认；判断错误
かんづく ③	【感付く】	13	D	感到，感觉到，觉察出
かんとく ◎	【監督】	2	A	领队，教练；导演，管理人
かんねん ①	【観念】	13	C	断念，死心，不抱希望；认清
かんぷなきまでに ④	【完膚なきまでに】	15	C	彻底地；体无完肤地
かんべん ①	【勘弁】	7	B	原谅，饶，饶恕
かんもん ◎	【関門】	7	D	关卡；难关，关头
かんりょう ◎	【官僚】	11	B	官吏
ガキ ②①	【餓鬼】	13	A	（佛）饿鬼；小孩，小鬼
がぶっと ②		15	A	辅助，协助，助理
がんこ ①	【頑固】	11	A	顽固，倔强
がんぽん ①	【元本】	4	D	本钱，资本，老本

きかがく②	【幾何学】	15	B	几何学
きがかり②	【気掛かり】	8	C	（令人）挂念，担心，惦念
ききこみ◎	【聞き込み】	15	B	听到；探听，侦查
きずく②	【築く】	10	B	建立
きずつく③	【傷つく】	5	D	受伤
きそ①	【起訴】	5	D	起诉
きそう②	【競う】	7	D	竞争，争夺
きばくそうち④	【起爆装置】	15	D	触发器，引爆装置
キャッチャー①	【catcher】	2	B	接球手
キャリア①	【career】	15	A	拔出，抽出；拉拢（人才）
きゅうさい◎	【救済】	15	A	咬，嚼
きゅうそく◎	【急速】	4	D	迅速，快
きょうあく◎	【凶悪】	15	A	救济
きょうさん◎	【協賛】	2	D	赞助；合力援助
きょうじゅつ◎	【供述】	5	D	供述，口供
きょうゆう◎	【共有】	3	A	一物由多数人所共有
きょしゅ①	【挙手】	13	B	纠缠；缠住
きよい②	【清い】	10	B	纯洁；正派
きらきら①		4	B	闪耀，闪烁
キリギリス③	【蟋蟀・螽斯】	6	C	蝈蝈
きんり◎①	【金利】	6	B	利息利率
クーデター③	【coup d'etat】	13	B	政变，武装政变，军事政变
クエスト◎	【quest】	14	B	游戏任务
くきょう◎	【苦境】	1	C	艰苦的境遇
くぐる②	【潜る】	9	A	通过；钻过
くさむら◎	【草むら】	2	D	草丛
くさり◎③	【鎖・鏁・鏈】	15	A	降格，降级
くさる②	【腐る】	5	C	腐烂，腐朽；消沉，灰心
くすぐる◎	【擽る】	15	C	使发痒；逗哏；逗弄，激起
くすぶる③	【燻る】	2	C	埋没，烟熏
くだらない◎		5	A	无用的，无聊的
くちべに◎	【口紅】	13	C	口红，唇膏
くどく②	【口説く】	2	C	苦口婆心地劝说；抱怨
くやむ②	【悔やむ】	9	B	懊悔，后悔
クラシック③	【classic】	3	D	古典；古典的；古典音乐
くらす◎	【暮らす】	11	D	生活，过日子

クリア ◎	【clear】	14	A	清楚；突破；越过
グリンピース	【green peas】	4	B	豌豆
くるくる①		1	A	滴溜溜地（转）一层层地
くるしみ ◎③	【苦しみ】	4	C	苦恼
くわえる ◎③	【加える】	4	D	加上，包含
ぐち ◎	【愚痴】	4	C	发牢骚，抱怨
ぐっすり③		4	A	熟睡
ケース①		12	D	事例，案件
けいしちょう③	【警視庁】	13	A	（东京）警视厅
けいじ①	【刑事】	13	A	刑事；刑事警察，刑警
けいむしょ③	【刑務所】	9	B	监狱，监牢
けいやくしょ⑤◎	【契約書】	4	A	合同，契约书
けっかい ◎	【決壊】	6	D	溃决，决口
けったく ◎	【結託】	12	A	勾结，合谋，串通
ゲップ ◎		10	C	嗳气，打嗝儿
けとばす ◎③	【蹴飛ばす】	5	D	踢，踢开，踢飞
けねん ◎①	【懸念】	9	D	担心；担忧
けんきょ①	【検挙】	11	B	拘捕
けんざい ◎	【健在】	4	B	健在
けんし	【検屍】	15	A	撒出来的东西；后进生
けんしょう ◎	【検証】	12	C	验证
げせわ ◎	【下世話】	13	C	俗语，俗
げり ◎	【下痢】	9	D	腹泻
げんかい ◎	【限界】	14	C	界限；限度
げんしゅ①	【厳守】	7	C	严守，严格遵守
げんてい ◎	【限定】	4	A	限定，限制
こうかく ◎	【降格】	15	A	俗称，通称
こうほう①	【広報】	15	B	宣传，报道，情报
こく①②	【酷】	4	B	苛刻，残酷
こくはく ◎	【告白】	13	C	告白，坦白
こくもつ②	【穀物】	9	D	粮食，谷物
こくれん◎	【国連】	1	D	联合国
こじ①	【誇示】	15	B	夸示；炫耀
こつ①	【コツ】	14	B	诀窍；要领
コツコツ ④		6	C	踏实，孜孜不倦，埋头工作
ことばがり ◎	【言葉狩り】	6	B	拘泥于语言、词汇的选用

こどく◎	【孤独】	11	B	孤独 孤单
コレラ①	【cholera】	9	D	霍乱
コンセプト①③	【concept】	12	C	概念
コンタクトレンズ⑥	【contact lens】	3	B	隐形眼镜，无形眼镜
コンペ①	【competition】	12	C	竞赛
ゴール①	【goal】	4	C	决胜点；终点；射门得分
ごうコン◎	【合コン】	4	B	联谊，联合茶话会
ごかく◎	【互角】	12	C	水平相当，势均力敌
ごく①	【極】	4	B	极，非常
さいあく◎	【最悪】	4	A	最坏，最糟
さいく◎③	【細工】	10	C	捣鬼
さいしゅ①◎	【採取】	15	B	采，拾取；选取；提取
サイバー①		12	D	赛伯，网络
さえわたり②	【冴え渡り】	12	A	清澈，周围一片晴朗
さからう③	【逆らう】	11	A	违背
さきのばし◎③	【先延ばし】	12	B	延迟，退后
さきゆき◎	【先行き】	1	C	将来，前途
さぎ①	【詐欺】	5	D	欺骗，诈骗，欺诈
さくもつ②	【作物】	9	D	农作物，庄稼
さけぶ②	【叫ぶ】	4	C	呼喊，喊叫
さける②	【避ける】	2	B	躲避；顾忌
さける②	【裂ける】	15	A	撒骨灰
ささい①	【些細】	3	C	琐碎
さしず①	【指図】	10	B	指使；命令
さっかく◎	【錯覚】	5	B	错觉，误会
さっきゅう◎	【早急】	15	A	裂，裂开；破裂
さっし◎	【察し】	15	D	体察，体谅；察觉到；看穿
さっそう◎	【颯爽】	1	A	飒爽，精神抖擞
さっそく◎	【早速】	5	A	马上，迅速
サトウキビ②④	【砂糖黍】	9	D	甘蔗
さばく②	【裁く】	9	B	裁判，审判
さびしい③	【淋しい・寂しい】	14	C	寂寞，孤寂；空虚
さらけだす④	【曝け出す】	13	B	暴露，完全露出；揭露，揭穿
さんこつ③	【散骨】	15	A	验尸
さんざん◎③	【散々】	14	C	狠狠地；彻底地；狼狈
さんじかん③	【参事官】	15	A	失分；缺点，过失

サンドイッチ ④	【sandwich】	3	B	三明治，夹心面包
サンドイッチマン ⑥	【sandwich man】	6	A	街头广告员
さんらん ◎	【散乱】	6	D	凌乱，分散；（物）散射现象
ざいあくかん ⑤	【罪悪感】	4	A	罪恶感
しいる ②	【強いる】	12	A	强迫，迫使
しえん ◎①	【支援】	12	D	支援
しかける ③	【仕掛ける】	15	A	参事官
しきんぐり ◎	【資金繰り】	15	B	资金筹措，资金运用
しご ①	【死語】	10	C	废词（已不使用的词汇）
ししゃ ①②	【死者】	9	D	死者
したう ③②	【慕う】	1	C	爱慕；敬仰
しちや ②	【質屋】	15	C	当铺
してん ◎	【失点】	15	A	喝，咬（一大口）
しっと ◎①③	【嫉妬】	4	A	嫉妒，羡慕
しっとう ◎	【執刀】	9	C	动手术
しつこい ③		3	C	执拗，纠缠不休的；浓重
しばい ◎	【芝居】	15	D	戏剧，（演）戏，（演）剧
しばし ①	【暫し】	6	C	暂时，片刻，不久，一小会儿
しひょう ◎	【指標】	1	D	指标
しぶつ ◎	【私物】	13	B	私人物品
しぶとい ③		12	A	顽强，倔强
しぼりこむ ④	【絞り込む】	15	C	绞入，聚焦；缩小范围
しめい ①	【使命】	11	A	使命；被分配到的任务
しゃくしじょうぎ ④	【杓子定規】	5	A	墨守成规，死规矩
シャッター ①	【shutter】	11	C	百叶窗，快门
シュークリーム ④	【法.chou à la crème】	7	B	奶油馅点心
しゅうかく ◎	【収獲】	11	D	收割，收获
しゅうりょう ◎	【終了】	5	B	结束，终结
しゅぎょう ◎	【修業】	10	A	修（学），学习
しゅっとう ◎	【出頭】	13	C	出面，出庭等，投案
しゅつりょく ②	【出力】	7	B	输出，输出功率
しゅぼうしゃ ②	【首謀者】	13	B	主谋
ショービズ ④		2	D	演艺圈；娱乐事业
しょうかめんぷ ④	【硝化綿布】	15	C	硝化绵布
しょうきょ ①◎	【消去】	5	B	删除，消失
しょうしたい ◎	【焼死体】	15	A	裂，裂开；破裂

しょうじき ③④	【正直】	4	C	实在，说实在
しょうとつ ◎	【衝突】	1	D	撞上；矛盾；冲突
しょうぶ ①	【勝負】	5	B	胜负，比赛
しょうみきげん ⑤	【賞味期限】	5	C	保质期限
しょき ①	【初期】	7	A	初期
しょくぎょうがら ◎	【職業柄】	6	B	工作性质
しょじひん ◎	【所持品】	13	A	随身携带的物品
しょせん ◎	【所詮】	15	D	归根到底，结局，毕竟，终归
シリア ①	【Syria】	14	D	叙利亚
しろうと ①	【素人】	12	B	外行，门外汉
しんか ①	【真価】	14	D	真正的价值
しんけん ◎	【真剣】	4	A	认真
しんしょう ◎	【心証】	9	C	确信，心证
しんじる ③	【信じる】	8	A	相信；信赖；信仰
しんぜん ◎	【親善】	2	B	亲善，友好
しんちょく ◎	【進捗】	10	D	进展
シンバル ①	【cymbals】	2	C	钹（乐器）
しんり ①	【審理】	9	B	审理
じくじ ①	【忸怩】	12	A	内心羞愧
じげん ◎	【次元】	12	C	次元，层次
じだん ①	【示談】	9	B	调停；和解
じっと ◎	【じっと】	4	B	一动不动，凝神
じどりそうさ ④	【地取り捜査】	15	A	救济
じふ ①	【自負】	5	C	自负，自大，自傲
じべた ①	【地べた】	6	B	地面
じまん ◎	【自慢】	5	A	骄傲，自满，自夸
じみち ◎	【地道】	6	C	踏实，稳健；质朴
ジャガイモ ◎	【じゃが芋】	6	D	马铃薯，土豆，洋芋
じゃくしゃ ①	【弱者】	11	B	弱者，无力者
じゃすい ◎	【邪推】	13	C	胡乱猜测
じゅうでん ◎	【充電】	7	A	充电
じゅちゅう ◎	【受注】	15	D	接受订货
じゅんい ①	【順位】	1	D	名次，席位
じゅんすい ◎	【純粋】	7	B	纯粹；纯真
じょうせい ◎	【情勢】	14	D	形势，情势
じょうとう ◎	【上等】	12	B	上等，状态优良

じょうぶつ◎	【成仏】	8	C	成佛
じょうりく◎	【上陸】	6	D	上陆，登陆
スイッチ◎	【switch】	14	B	开关；转换；交替
すいでん◎	【水田】	6	D	水田，稻田
すいぼつ◎	【水没】	6	D	淹没
すいみん◎	【睡眠】	11	B	睡眠
すう◎	【吸う】	4	B	吸
すくう③	【救う】	11	A	救助；帮忙
スクリーン③	【screen】	12	C	屏幕
すさむ③◎	【荒む】	1	C	气馁，自暴自弃
すじあい◎	【筋合い】	10	B	理由，道理
すっかり③		4	A	完全
すてごま◎	【捨て駒】	15	A	分片（区域）侦查
すぶり◎	【素振り】	2	C	抢舞刀棒；单人反复练习
すれちがう④◎	【擦れ違う】	13	A	交错，错过去；擦肩而过
ずばり（と）②		10	C	干脆；直截了当
スポットライト⑤	【spotlight】	6	C	聚光灯；焦点
スライダー②◎	【slider】	12	A	外侧旋转球
せいえい◎	【精鋭】	9	A	精锐；精干的人
せいけい◎	【整形】	1	A	整形，矫形
せいせいする③①	【清々する】	7	C	清爽；爽快
せいりゃく◎	【政略】	10	C	政治策略
せこい◎		1	B	狭小；糟糕
せっかち①		15	D	性急(的人)；急躁
せっけい◎	【設計】	4	A	设计
せってん①	【接点】	15	B	接点，触点；切点
せまきもん①	【狭き門】	9	A	难关；窄门
せめる②	【攻める】	4	C	进攻
セレブ①	【celebrityの略】	1	A	大众关注的人，话题人物
センス①	【sense】	13	C	感觉；审美能力
せんにゅうかん◎	【先入観】③	12	C	先入之见，成见
せんりょく①	【戦力】	2	C	作战能力；军事力量
ソード◎	【sword】	14	B	剑
そうだん◎	【相談】	5	B	商谈，商量
そくばく◎	【束縛】	4	A	束缚
そこぢから③◎	【底力】	12	A	潜力

そしき①	【組織】	11	A	组织
そなえる③	【備える】	9	A	具备，具有
そろう②	【揃う】	2	A	聚齐，齐备；整齐；成对
ターゲット①	【target】	15	A	降格，降级
たいこう◎	【対抗】	14	A	对抗；抵抗；抗衡
たいしょくきん⑤	【退職金】	11	B	退职金
たいほ①	【逮捕】	5	D	逮捕
たいりょう◎	【大量】	12	D	大量
たいりん◎	【大輪】	7	D	大花朵
たえる②	【耐える】	4	C	忍耐，坚持
たかまる③	【高まる】	4	D	提高，高涨，上升
たき①	【多岐】	10	C	多方面
たきび◎	【焚き火】	15	B	篝火
たくわえる④③	【貯える】	6	C	贮藏，储备，积蓄；蓄胡子
たごん◎	【他言】	7	A	对别人说；泄漏
たちきる③④	【断ち切る】	1	C	截断；断绝
たちならぶ◎④	【立ち並ぶ】	11	D	排列，并列，林立
たちば①	【立場】	11	A	立足点；处境
たっする◎③	【達する】	4	D	到达，达到
たねまき②	【種まき】	9	D	播种
タマネギ◎	【玉葱】	6	D	洋葱，葱头
たもつ②	【保つ】	5	A	保持，维持，保存
たよる②	【頼る】	4	D	依靠，依赖
たんにん◎	【担任】	2	A	管，担任；班主任
だかいさく②	【打開策】	1	C	摆脱困境的办法
だきしめる◎	【抱きしめる】	3	A	死守，紧抱；相拥，拥抱
だっすいそこうそ⑥	【脱水素酵素】	15	B	脱氢酶
だましとる④	【騙し取る】	5	D	骗取
だんとつ◎	【断トツ】	2	D	绝对领先；绝对出众
ちからづよい⑤	【力強い】	4	D	强有力的
ちくしょう③	【畜生】	4	C	（骂人时用语）畜生 可恶
ちぐはぐ①◎		13	A	不配对；不协调；乱套
ちっそ①	【窒素】	15	C	氮
ちなみに◎	【因に】	1	B	顺便，附带
ちのう①	【知能】	5	A	智慧，智力
チャージ①	【charge】	11	B	充（电）

ちゃかす ②		4	A	开玩笑
ちゃくしん ◎	【着信】	15	B	来电；来电振铃
ちょうかい ◎	【懲戒】	12	A	惩戒，制裁
ちょうごう ◎	【調合】	15	C	调剂，调合；配药
ちょうし ◎	【調子】	5	B	得意；劲头，状态
ちょしゃ ①	【著者】	6	C	作者，著者，著书的人
チラシ ◎	【散らし】	6	B	传单，广告单，宣传品
チンパンジー ③	【chimpanzee】	10	B	黑猩猩
ツーアウト	【two out】	12	A	两人出局
ツアー ①	【tour】	10	D	旅行，旅游
つうしょう ◎	【通称】	15	A	放；开；驱逐，流放
つうじあう ④	【通じ合う】	5	B	沟通，相互理解
つかねる ③	【束ねる】	14	A	捆；扎；管理
つきとばす ④	【突き飛ばす】	9	B	撞出很远，撞倒
つきとめる ④	【突き止める】	10	A	查明，找到
つくりだす ④◎	【作り出す】	3	A	创造；创作，写出；开始做
つくりばなし ④	【作り話】	4	B	虚构的故事
つぐなう ③	【償う】	4	C	补偿，赎（罪）
つながる ◎	【繋がる】	3	A	连接；排列；牵连；有关系
つなぐ ◎	【繋ぐ】	5	C	系，连接，接起来
つぶる ③◎	【瞑る】	7	C	闭眼，装不知道
つめあと ◎	【爪痕】	6	D	抓痕，指甲印；遭受灾害的痕迹
ディフェンス ◎②	【defense】	4	B	防守（队员和方法）
ていあん ◎	【提案】	4	A	提议，提案
ていえん ◎	【庭園】	11	D	庭园
ていぼう ◎	【堤防】	6	D	堤防
てきがいしん ③	【敵愾心】	15	C	敌忾心
てぐち ①	【手口】	15	A	辅助，协助，助理
てばなす ③	【手放す】	2	C	放手；放下工作；让孩子离开身边
てわけ ③	【手分け】	2	C	分工；布置人手
てんこう ◎	【天候】	11	D	天气，气候
でいすい ◎	【泥酔】	15	B	烂醉，酩酊大醉
できごころ ③	【出来心】	5	C	犯恶心；偶发的恶念
でれでれ ①		10	B	腻腻乎乎
とうさい ◎	【搭載】	7	A	载（人）；装载
とうとい ③	【尊い】	9	B	宝贵，贵重

とえい ◎	【都営】	8	D	都营，东京都营
とがめる ③	【咎める】	13	D	责难，责备，挑剔；盘问
とく ①	【解く】	2	A	解开；解答；解除，消除
とけあう ③◎	【解け合う】	5	A	融洽，融合；解除契约
とこずれ ◎	【床擦れ】	9	C	褥疮
としゃくずれ ③	【土砂崩れ】	9	D	塌方
とだえる ③	【途絶える】	1	A	断绝，杜绝
とっくに ③		4	B	很早，已经
とっぱ ◎①	【突破】	4	D	突破
とどまる ③	【留まる】	1	D	停止；限于
とびこむ ③	【飛び込む】	14	B	跳入；跳进；参加；投入
とびだす ③	【飛び出す】	4	C	跳出，飞出
とりくむ ③④◎	【取り組む】	10	D	全力对付；致力于……
とりとめる ◎④	【取り留める】	15	C	保住（性命）
とりはだ ◎	【鳥肌】	10	B	鸡皮疙瘩
とりまく ③◎	【取り巻く】	5	A	围绕，捧场
とりやめ ◎	【取り止め】	12	A	停止，不再做下去
とりやめる ◎④	【取り止める】	2	D	停止，中止
どうき ◎	【動悸】	6	A	心悸；心跳加快，心律不齐
どうき ①	【同期】	6	A	同期；同年（级）；同步
どうこう ◎	【同行】	13	C	同行，一起走，一起去
どうせい ◎	【同棲】	7	A	住在一起；同居
どそく ◎	【土足】	3	C	不脱鞋，穿着鞋；泥脚
どんかん ◎	【鈍感】	5	B	感觉迟钝，钝感
ないしょ ◎	【内緒】	8	C	秘密，不告诉（别人）；私下
ナイト ◎	【knight】	14	A	骑士，（英国的爵位）爵士
ナイトシーン ④	【night scene】	12	C	夜景
ないみつ ◎	【内密】	7	A	保密
ナウオンセール ⑤	【now on sale】	4	B	当下正流行
なかよし ②	【仲良し】	8	B	相好；相好的人，好朋友
なかよりこよし ◎	【仲よりこよし】	4	B	亲亲密密，恩恩爱爱
ながれこむ ④	【流れ込む】	4	D	流入，流进
なきわめく ④	【泣き喚く】	15	D	号哭，号啕，哭天喊地
なげだす ◎③	【投げ出す】	5	A	半途而废；豁出；抛出
なじる ②	【詰る】	4	C	责问，责备
なにげない ④	【何気ない】	1	C	不形于色；无意中

ナメる ②		9	B	轻视，小看
なんかん ◎	【難関】	9	A	难关
なんくせ ◎	【難癖】	10	B	缺点，毛病
ナンセンス ①	【nonsense】	5	A	胡说，荒谬
にくむ ②	【憎む】	8	A	憎恶；憎恨；厌恶
ニューヨーク ③	【New York】	4	A	纽约
にんい ①◎	【任意】	13	C	任意；随意；自愿
にんげんドック	【人間ドック】	11	B	综合体检
ニンジン ◎	【人参】	6	D	胡萝卜；朝鲜参
ぬう ①	【縫う】	13	B	缝，缝合；刺绣，绣
ぬく ◎	【抜く】	8	C	抽出；除掉，清除；省略
ねらう ③	【狙う】	11	B	瞄准
ノイズ ①◎	【noise】	12	C	噪音，杂音
のぞきま ◎	【覗き魔】	1	B	窥视狂
のぞく ◎	【覗く】	1	B	窥视，探视
のみのしんぞう ◎	【蚤の心臓】	1	B	形容胆小
はいたい ◎	【敗退】	12	B	败退，败北
はいぶ ◎	【廃部】	12	A	撤销部门
はけん ◎	【派遣】	7	B	派遣，派出
はげ ①	【禿】	10	C	秃子
はげます ③	【励ます】	5	B	鼓励，勉励；加剧
はたけ ◎	【畑】	6	D	旱地，耕地；专业领域；出生地
はたん ◎	【破綻】	15	B	破裂，失败；破绽
ハッカー ①		12	D	黑客
はっこう ◎	【発行】	4	D	发行，发放
はったり ◎		15	C	故弄玄虚；虚张声势
はなす ②	【離す】	4	C	放开，离开
はなつ ②	【放つ】	15	A	履历，经历
はなびら ③④◎	【花びら】	3	C	花瓣
はみがき ②	【ハミガキ】	3	A	刷牙；牙刷；牙膏；牙粉
はりきる ③	【張り切る】	10	C	干劲十足，精神百倍
はれぶたい ③	【晴れ舞台】	15	D	盛大靓丽的舞台
はんこ ③	【判子】	4	A	印章，图章
はんばい ◎	【販売】	10	D	销售，贩卖
バイオリン ①	【violin】	3	B	小提琴
ばってき ◎	【抜擢】	13	B	提拔，提升，选拔

バッテリー ◎①	【battery】	11	B	蓄电池
ばつぐん ◎	【抜群】	13	C	超群，出类拔萃
バリスター ②	【barrister】	9	A	专门律师
バリバリ ①◎		6	A	麻利地处理事务状
ばれる ②		7	C	暴露，败露
ばれる ②		1	A	暴露，败露
パーティー ①	【party】	14	A	聚会；派对
パスワード ③		12	D	密码
ぱったり ③		1	A	突然
パラリーガル ③	【paralegal】	9	A	律师的专职助手
パラリンピック ⑤	【Paralympics】	8	D	残疾人奥林匹克运动会
パレット ②	【palette】	3	B	调色；板铲板，托盘
ひがい ①	【被害】	6	D	被害，受害
ひがいしゃ ②	【被害者】	4	C	受害者
ひきいる ③	【率いる】	12	B	率领，指挥
ひきずる ④	【引き摺る】	4	C	拖，拽
ひきだす ③	【引き出す】	5	A	引出，拉；提取
ビギナー ①	【beginner】	14	A	新人；生手；初学者
ひきぬく ③	【引き抜く】	15	A	烧焦的尸体
ひげ ◎	【卑下】	11	C	自卑，鄙视
ひさいち ②	【被災地】	9	D	受灾地区
ビジネスライク ⑤	【businesslike】	15	D	事务性(的)，实务性(的)
ひだりきき ◎	【左利き】	2	B	左撇子；好喝酒的人
ひっかかる ④		4	B	受骗，中圈套
ひとこと ②	【一言】	1	C	一言，一句话
ビニールハウス ⑤	【vinyl house】	6	D	塑料薄膜温室，塑料大棚
ひびく ②	【響く】	2	A	响；回响；影响；出名
ひらきなおる ⑤	【開き直る】	5	C	突然一本正经
ぴかぴか ◎		5	C	闪闪，光亮；簇新
ピッチャー ①	【pitcher】	12	B	投手
ぴんとくる ④	【ぴんと来る】	15	D	马上明白，反应过来
ファイナンス ①	【finance】	9	A	财政
フィルムセンター ①	【film center】	3	D	影视中心
ふくし②◎	【福祉】	1	D	福利
ふくらむ ◎	【膨らむ】	12	B	涨大，膨胀
ふざける ③		12	B	开玩笑

ふたまた ◎	【二股】	3	B	两岔，两股；脚踏两只船
ふはい ◎	【腐敗】	1	D	腐朽；腐败
ふほんい ②	【不本意】	2	A	非本意，不情愿，违心
ふまえる ③	【踏まえる】	10	D	根据；按照；基于
ふみきる ③	【踏み切る】	10	C	下（定）决心
ふみだい ◎	【踏み台】	13	A	脚搭子，凳子；垫脚石
ふよう ◎	【扶養】	11	B	抚养
フラクタル ②	【fractal】	15	B	不规则碎片形
ふりこむ ③	【振り込む】	5	D	汇款
ふりん ◎	【不倫】	13	B	违背人伦；婚外恋，婚外情
ふるきよき	【古き良き】	4	B	传统美好的
ふれあう ③	【触れ合う】	5	B	碰到一起，相通
フロア ②	【floor】	9	A	层；楼面
ぶきよう ②	【不器用】	5	C	不灵巧，笨拙
ぶっけん ◎	【物件】	6	B	物件，动产或不动产
ぶっしょう ◎	【物証】	15	B	物证
ぶっそう ③	【物騒】	10	A	危险
ブロック ②	【block】	9	A	区域
プライバシー ②	【privacy】	8	D	私事，私生活
プロファイリング ⑤	【profiling】	15	A	撒出来的东西；后进生
プロボノ ◎	【pro bono】	9	A	公益服务
ヘクタール ③	【hectare】	9	D	公顷
へしおる ③◎	【圧し折る】	15	C	折断，压断；使屈服，挫败
へんさい ◎	【返済】	6	B	偿还，还债
へんたい ◎	【変態】	1	B	变态
へんてつ ◎	【変哲】	13	B	出奇，奇特，与众不同
ベータテスター ◎	【beta tester】	14	A	测试者
ベスト ①	【vest】	15	B	马甲，背心
ペイオフ ③	【pay off】	4	D	存款限额保护制度
ペコペコ ①		10	C	点头哈腰
ホームレス ①	【homeless】	6	A	流浪者，无家可归者
ほうき ◎	【箒】	1	B	扫帚
ほうこ ①	【宝庫】	6	D	宝库；资源丰富的地方
ほうさく ◎	【豊作】	11	D	丰收
ほこり ◎	【誇り】	6	C	骄傲，荣誉，自豪
ほさ ①	【補佐】	15	A	扒窃（商店里的物品）

日语				
ホッケー ①	【hockey】	4	A	曲棍球；本课为冰球略称
ほとけ ◎③	【仏】	13	A	佛；死者，亡魂
ほんき ◎	【本気】	4	A	认真，当真
ぼうげん ◎	【暴言】	5	A	出言不逊，粗暴的话
ぼうらく ◎	【暴落】	1	C	暴跌
ぼうりょく ①	【暴力】	11	C	暴力
ぼちぼち ①		1	A	一点点；马马虎虎
ボロクソ ◎		10	C	一钱不值
ポールアックス ④	【pole axe】	14	B	长柄战斧
ぽっかり ③		1	A	突然（裂开）
ポップ ①	【pop】	10	C	时尚的
ポリイソブチレン ⑥	【polyisobutylene】	15	C	聚异丁烯
まいもどる ④	【舞い戻る】	2	A	返回，重返
まえむき ◎	【前向き】	10	D	积极
まして ①	【況して】	9	C	何况
マジック ②①	【magic】	15	D	魔术，戏法
まちこうば ③	【町工場】	15	B	街道工厂，乡镇工厂
マッチ①	【match】	12	A	比赛
まなざし ◎	【眼差し】	7	B	目光，眼神
まね ◎	【真似】	5	D	模仿，学样
まめ◎	【忠実】	1	A	勤快，忠实
まるめこむ ④	【丸め込む】	9	C	笼络，拉拢
まんえん ◎	【蔓延】	9	D	蔓延
まんびき ◎	【万引き】	15	A	锁链，链子
まんまる ③	【真ん丸】	3	C	圆滚，溜圆
みあう ②	【見合う】	1	A	均衡，相称
みかえす ◎③②	【見返す】	12	B	争气，自强
みかけだおし ④	【見掛け倒し】	11	C	徒有其表，华而不实
みかた ◎	【味方】	4	D	同伴，我方
みがわり ◎	【身代わり】	13	C	代替别人（当牺牲品）；替身
みごろし ◎	【見殺し】	14	C	见死不救；坐视
みすえる ◎③	【見据える】	8	D	定睛而视；看清，看准
みすぼらしい ⑤		4	B	寒碜，难看
みずから ①	【自ら】	1	C	自己；亲自
みとおし ◎	【見通し】	5	C	看穿；眺望；预期
みならう ③④◎	【見習う】	10	C	学习；以……为榜样

みまもる ◎③	【見守る】	4	B	守护，关怀
みまん ①	【未満】	4	A	未满，不足
みわたす ③	【見渡す】	8	D	远望
むき ①	【向き】	11	A	当真，认真
むきだし ◎	【剥き出し】	13	B	露出，裸露；毫不掩饰，赤裸
むきだす ③	【剥き出す】	5	A	露出，暴露无遗
むぞうさ ②	【無造作】	13	A	简单，容易；随手，随意
むていこう ②	【無抵抗】	11	C	不反抗，不抵抗
むのう ◎	【無能】	9	B	无能
めいわく ①	【迷惑】	4	B	麻烦，困扰
メインバンク①+①	【main bank】	12	A	主要银行
めうし ◎①	【牝牛・雌牛】	14	B	母牛
メキシコ ◎②	【Mexico】	14	D	墨西哥
めぐまれる ◎④	【恵まれる】	5	A	被赋予，富有
めざわり ②	【目障り】	6	A	碍眼，影响视线；刺眼，不顺眼
メロディ ①	【melody】	3	B	旋律；曲调
めんじる ◎③	【免じる】	12	B	考虑到……而特此允许
メンテナンス ①	【maintenance】	7	A	维持，维护
もうかる ③	【儲かる】	5	D	赚钱
もえる ◎	【燃える】	4	B	燃烧，充满激情
もちかける ④	【持ち掛ける】	9	B	（主动）提出，先开口
もちつき ④②	【餅つき】	11	D	捣年糕
もてる ②	【持てる】	7	C	受欢迎，吃香
モデル ①◎	【model】	12	C	模型，机型；模范；模特
もりあげる ④	【盛り上げる】	2	D	堆起，堆高；提高，增强
モリモリ ①		10	C	精力旺盛地
もんだいがい ③	【問題外】	10	C	不值一提
モンローこうか ⑤	【munroe 効果】	15	C	聚能效应
やけこげる ◎	【焼け焦げる】	15	B	烧焦；烧糊
やどや ◎	【宿屋】	14	B	旅店；旅馆
ヤフー ②		12	D	雅虎
やみきん ◎	【闇金】	15	B	黑市贷款
やみきんゆう ③	【ヤミ金融】	5	D	黑市贷款
ユーザー ①◎	【user】	12	C	用户，客户
ゆうき ①	【勇気】	11	C	勇气
ゆるす ②	【許す】	8	B	允许，许可；饶恕，宽恕

よいくひ ◎	【養育費】	11	B	抚养费
ようぎしゃ ③	【容疑者】	5	D	嫌疑犯
ようする ③	【擁する】	9	A	拥有
ようせい ◎	【要請】	10	D	要求，请求
ようだい ◎③	【容体】	9	C	病情，病状
よける ②	【避ける】	4	C	避开，躲避
よせあつめる⑤◎	【寄せ集める】	2	C	归拢，收集
よなか ①◎	【夜中】	5	B	深夜，半夜
よび ①	【予備】	2	D	预备；预谋
よびかける ④	【呼びかける】	12	D	号召，呼吁
らっか ◎	【落下】	6	D	落下，掉下来
ラポール ②	【法 rapport】	15	C	交往；密切关系；和谐一致
ランキング①◎	【ranking】	1	D	排列次序，名次
リーガル ◎	【legal】	9	A	法律的
リストラ◎	【restructuringの略】	1	C	重组，裁员
リセット ②	【reset】	3	C	重新设定；重新开始
りっしょう ◎	【立証】	9	C	作证；证实
りゅうばく ◎	【流木】	6	D	漂流木
りょうきてき ◎	【猟奇的】	15	B	猎奇性的
リンク ①	【rink】	4	B	滑冰场，溜冰场
れいじょう ◎	【令状】	13	B	命令文件；搜查令
れいねん ◎	【例年】	11	D	每年，历年
レギュラー ①	【regular】	12	A	正式选手
レシピ ①	【recipe】	10	A	菜谱；烹饪法
れんきゅう ◎	【連休】	11	D	连续的假期
ローファーム ①	【law firm】	9	A	律师事务所
ろくが ◎	【録画】	8	D	录像
ロケット ②	【rocket】	8	A	火箭；狼烟；喷气装置
ロマン ①	【Roman】	11	A	浪漫色彩
わくわく ①		10	A	欢欣雀跃
わびる ③◎	【詫びる】	9	B	道歉，谢罪
わりきる ③	【割り切る】	15	D	除尽；想通，干脆明确

《日语视听说教程(二)(第2版)》

尊敬的老师:

　　您好!

　　为了方便您更好地使用本教材,获得最佳教学效果,我们特向使用本书作为教材的教师赠送本教材配套电子课件。如有需要,请完整填写"教师联系表"并加盖所在单位系(院)公章,免费向出版社索取。

北京大学出版社

教 师 联 系 表

教材名称	《日语视听说教程(二)(第2版)》					
姓名:		性别:		职务:		职称:
E-mail:		联系电话:			邮政编码:	
供职学校:			所在院系:			(章)
学校地址:						
教学科目与年级:			班级人数:			
通信地址:						

　　填写完毕后,请将此表以电子邮件的方式寄送给我们,我们将为您免费寄送本教材配套电子课件,谢谢!

北京市海淀区成府路205号
北京大学出版社外语编辑部负责人
邮政编码: 100871
电子邮箱: lanting371@163.com
　　　　　zbing@pup.pku.edu.cn

邮 购 部 电 话: 010-62534449
市场营销部电话: 010-62750672
外语编辑部电话: 010-62759634